設計・洪新富

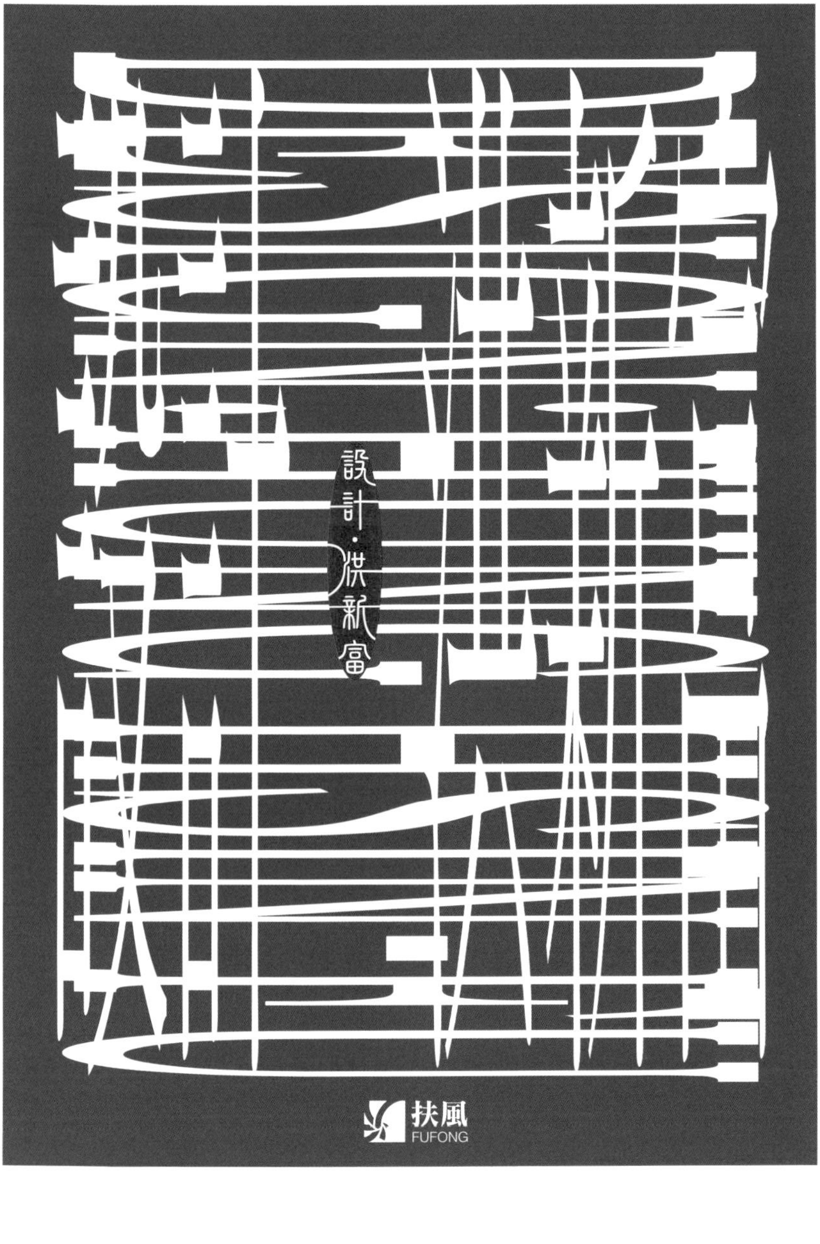

蟲癡
花名冊是世界地圖
科學狂熱
複雜的事交給最懶的人做
電池 挑戰者
渾身傻勁
專長是修東西
沒有形象
奇怪的人類
很愛玩 很會玩 很敢玩 很好玩
混亂製造者
立志做天下最懶惰的人

邋遢
隨和 體格不好，當不了英雄
有擔當 想要用一輩子活出三輩子價值的人 **爆笑** 熱情
語言白癡跑過20幾個國家100多個城市 當選41屆台灣10大傑出青年
古有三老 老酒 老狗和老友。（阿富也有三老：老婆、老友、老古董）
做到的遠比想像的還要多
樂於分享
超級大懶人
奇怪的人類
樂天派
好事做絕、壞事做盡
會跟小孩搶玩具的老爸
英雄主義
死要吃辣
人來瘋

正常到很不平凡；平凡到很不正常 很有風度
超級愛玩的老爸～by大兒子
個性強悍 **紳士一枚**
愛咬屁股的老爸～by小兒子
20歲就準備好出人生的第一本書

桃花源是自己創造的，而不是尋來的
好人卡多到可以開casino 奇怪的人蒐集奇怪的東西
老婆的大兒子（管不動的大兒子）～by老婆
背著蝸牛殼的行李 **體貼** 急躁 比死人還要懶
現代唐吉訶德
相交滿天下 知己好幾人
逞強 敗家男
大胃王
最富有的窮人
忘東忘西
常忘記時間
電腦白癡
喜歡男生，但是更喜歡女生
大情剩
愛買東西不整理
像鬧鐘忘了關一樣吵
玩具比兒子的還多
洪新富不是我的朋友，是我的兄弟～刀模廠老闆
喜歡吃辣，尤其是辣妹……
很難注意他，又很難忽視他

誰是

豪邁
瘋狂
過動 聒噪
愛心氾濫
行動派
自由自在
很有guts
傻瓜
鬼點子最多
～小學同學
迷糊 他的笑聲很恐怖
教到他很頭痛，沒教到他很遺憾～小學老師
計劃西元2000年要退休的人
感性大爆炸
古靈精怪
破壞大王～老爸盛怒時封號的
愛情的膽小鬼
超級大嗓門
用情史洗腦別人
沒有形象
純粹的「生活家」
最佳損友
主動 積極 樂觀
在家的功能：打蟑螂
念舊
出社會不賺錢
賺朋友
天生反骨
笑聲超恐怖 自戀
冷靜
宇宙無敵博愛座
四歲就開竅的超凡人類 有夢 敢夢 用力去圓夢
信仰：睡覺 無可救藥的浪漫主義者
吹牛大王
鬼頭鬼腦
興趣及專長是：闖禍 有
不擺架子
活蹦亂跳
生命的賭徒
及時行樂
昆蟲殺手
不拘小節
在外一條龍 在家一條
拼命三郎
很能挨餓
始終如一
不是君子，因為他喜歡動手
有理想的傻子
熱愛蒐集奇怪的人、事、
逞強
總是笑嘻嘻
點子王
他的手停不下來
雪中送炭
愛買書（書痴 書字典）
他好像丐幫的
危機處理專家
無辣不歡
混
不服輸
好相處
不夠壞
懶的極致：效率
太天真
冒險王
博愛又專情
今朝有酒今朝醉
雜亂不是無章
崇尚蟑螂哲學
為藏書搬過三次家
藏書超過五位數
講義
不離
患難

目錄

設計・洪新富

自卑、害羞、平凡的阿富
在平淡無奇的日子裡　尋找
精采人生的捷徑

製造問題、發現問題……解決問題是他的專長
他所到之處
屍橫遍野
渾沌雜亂
枯木逢春
煥然一新
「破壞大王」是父親給的封號
「玩」是他的主業
小心
阿富來了
你的世界將會變得
「不一樣」

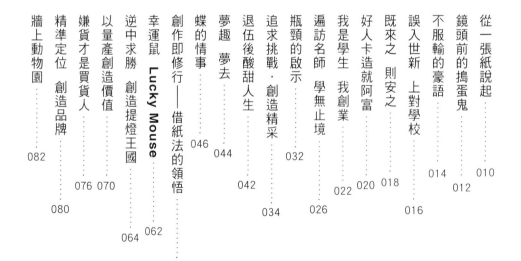

小時候做夢　大人笑一笑
青少年做夢　家人說：唸書比較重要
退伍後做夢　所有人嚇了一大跳
如果沒有夢……
　日子只剩下……
這不是我要的！

一時的堅持　叫　固執
　一年的堅持　叫　偏執
　　一世的堅持　叫　執著

謀定而後動
　不疑、不惑、不動搖

走了一大圈　才發現
　人生的捷徑只有「堅持」

逐夢築夢

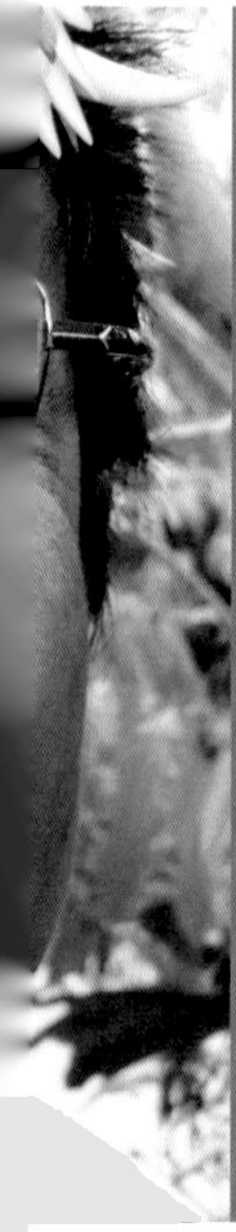

讀書、工作是為了
吃飽飯+玩樂
當物慾降低
生存就變得容易
多出來的時間呢？
當然是……
好好地……
大「玩」一場

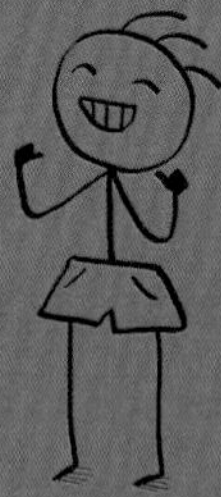

玩轉人生

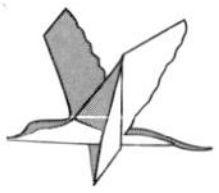

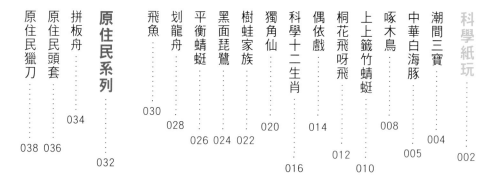

阿富來了

自卑、害羞、平凡的阿富
在平淡無奇的日子裡　尋找
精采人生的捷徑

製造問題、發現問題……解決問題是他的專長
他所到之處
　屍橫遍野
　　渾沌雜亂
　　　枯木逢春
　　　　煥然一新
「破壞大王」是父親給的封號
「玩」是他的主業
小心
阿富來了
你的世界將會變得
「不一樣」

從一張紙說起

一張、二張、三張……
慘了！今天是初一還是十五啊？
等母親回過神來，一切都為時已晚
為了將摺紙鶴的步驟背起來
洪新富不停地偷撕家中的日曆紙
四張、五張、六張……
一張張逐漸消失的日曆紙
堆疊出阿富紙藝生涯的起始點

阿富四歲時的某日
大姐從學校帶回紙鶴的摺法，教了大家
阿富好像著了魔，不斷重複的摺著紙鶴
所有手邊能用的紙都被他摺光了
最後他盯上了高掛牆上的日曆
搬了椅子加上小凳子，就有用不完的紙……
在缺乏自信的童年
單純摺好紙鶴，成了實踐自我的唯一出口……

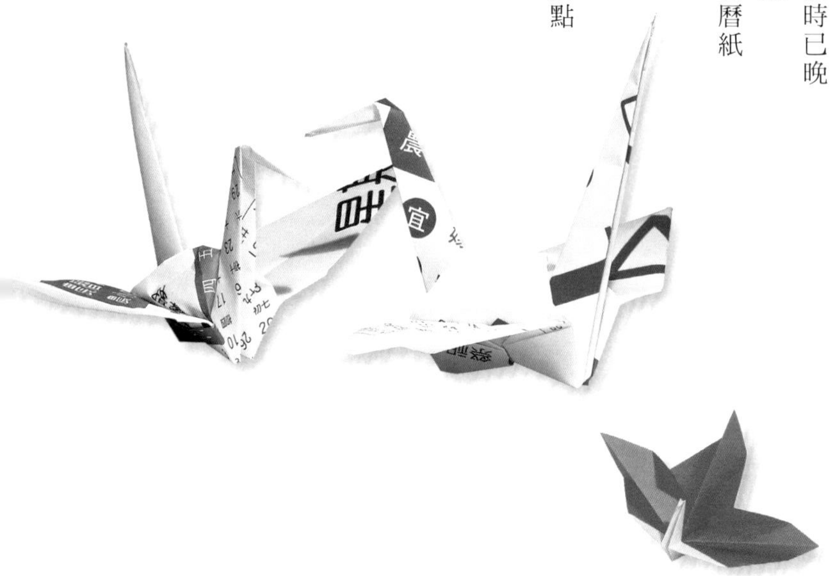

“平凡的他
在四歲就開始自己的興趣
從此展開屬於他的
「紙藝人生」”

從此，只要有人會新招
阿富總會用盡各種可能的辦法
交換的、求來的……偷學的……
不久他成了小小交友圈中的「摺紙王」

阿富絕對不是天才
他學東西特別慢
阿富是個百分之百的傻瓜
只要是他認定的事，就不停地做……
他四歲就開始玩摺紙
國小四年級立志從事紙藝事業
十七歲時就想要成為臺灣十大傑出青年……

這些想法一旦啟動
就未曾停歇
一路上，痴痴狂狂、瘋瘋癲癲……
加上　未曾停過的　風風雨雨……
練就出：
臺灣五年級生的典型代表：
『**紙藝玩人**』——阿富

鏡頭前的搗蛋鬼

物質缺乏的年代，快樂要靠自己找！（就算是當路人甲，也要很搶鏡頭。）

兩個眼睛一張嘴
同樣的五官人人有
阿富啊……阿富
就是不肯好好地拍張照

但看看阿富這張臉
毫不扭捏，神情自若，怪招百出
想必是一介練武的奇才

長大後……

難得有一張規矩的合照，猜猜看阿富在哪裡？

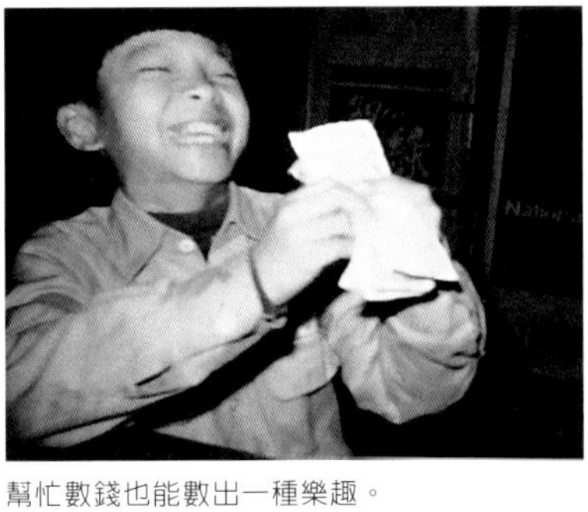

幫忙數錢也能數出一種樂趣。

沒有牆可以擋住想玩的心。

玩就是要盡興。

果然成了
拯救世界的英雄？
傑出政治家？
科學家？
文學家？
……
都不是
他成了
天生玩家

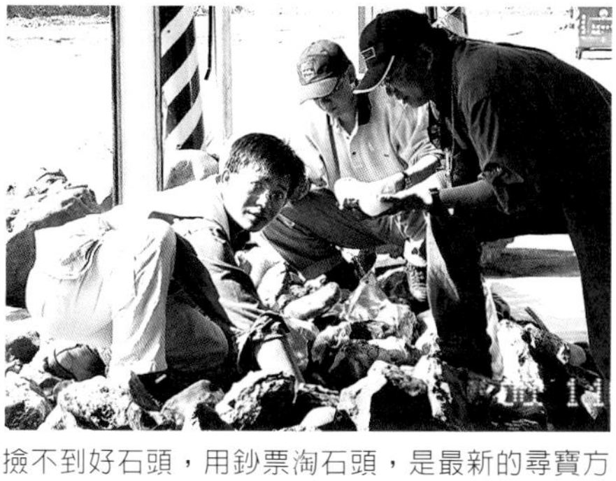
撿不到好石頭，用鈔票淘石頭，是最新的尋寶方法。

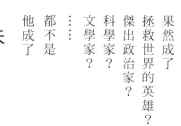

不服輸的豪語

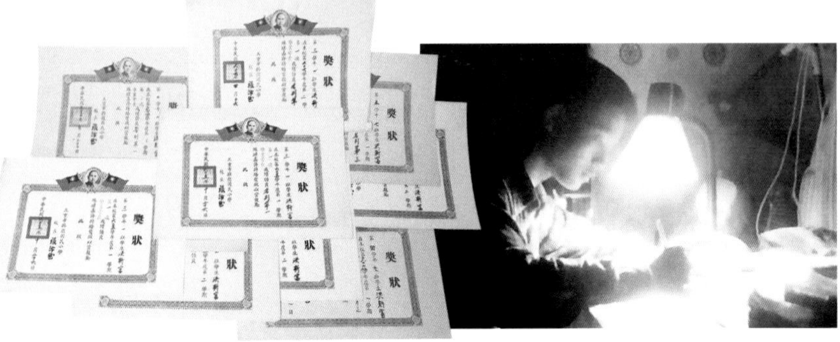

要堵家人的嘴，顧好功課是一定要的啦！（ps.這就是傳說中的用獎狀當壁紙。）

大姊會畫畫，將來可以當「畫家」
三姊會彈鋼琴，將來可以做「音樂家」
阿富會摺紙，將來可以……嗯……摺紙專家？
唉！這能掙飯吃嗎？
看來還是換個有保障的興趣比較好……

「同樣是興趣，為什麼別人的可以，而我的卻不行……」

到了半夜一連串的抱怨
吵得外婆不能入眠
「有本事就證明你的價值吧！」
外婆的激將法在阿富身上奏效了
「好，那我就要證明玩紙，也可以有未來！」
「說了就要做到哦！」
「好，我一定做得到！」

那年阿富四年級
隔天到學校馬上組織了「摺紙同好會」
將所會的都分享給同伴，約好長大了一起推廣摺紙
因為老師說過：「小朋友是國家未來的『主人翁』」

跟朋友出外玩，手上仍不忘把玩著摺紙。

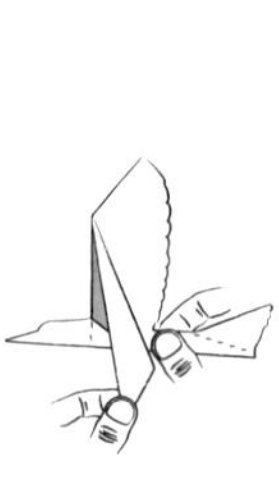

左／練刀練到手指變形，從此用刀就更流利了。右／班上一半以上同學的剪紙作業，都是阿富在克難環境中完成的。

“一張紙和一把剪刀
一樣可以裁剪出
自己的一片天”

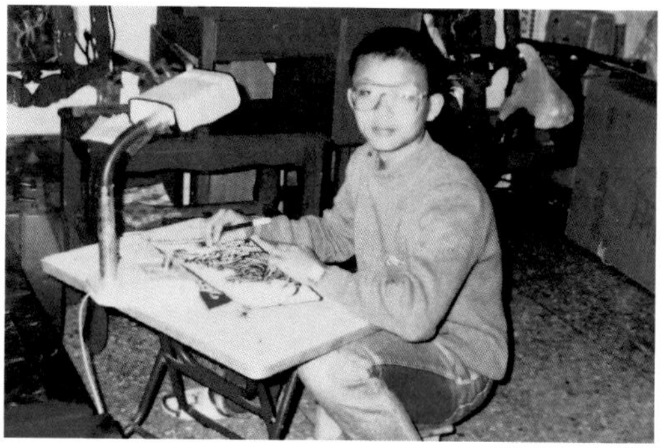

在告別小學七天後
阿富的外婆往生了
再也沒有可以反悔的對象了
四年級時的豪語成了「一生的承諾」

為要一甩自己青春期的浮躁
阿富努力練書法，卻總不得要領
於是開始嘗試剪紙，一刀一劃
就像練功就要從基本的紮馬步開始
心要定、手要穩，才能練就一身功夫好

為了增加練習的機會
當起班上職業的剪紙代工
那年班上一半以上同學的剪紙作業
都是……沒錯，你猜到了

自學逐漸有成後，不甘只是一味模仿
江湖流傳的武功秘笈
已經無法滿足功力滿滿的他
決定自創門派，於是開始自己設計
從圖案、材料、到操刀
全部講求創新
不管成不成熟
絕不流於形式

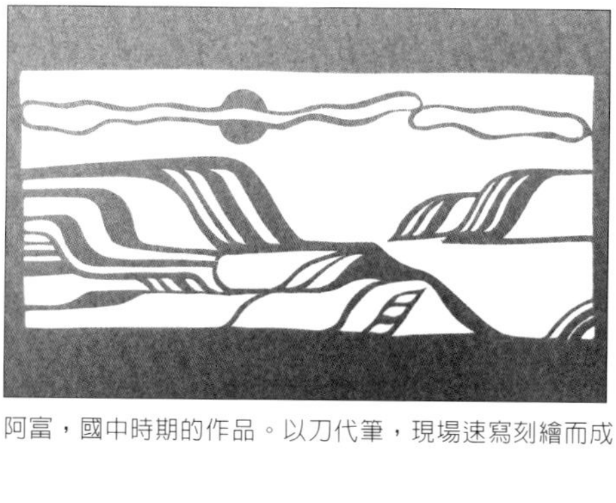

阿富，國中時期的作品。以刀代筆，現場速寫刻繪而成。

“他選擇沒人走過的路”

誤入世新 上對學校

無辣不歡的阿富
在炎炎夏日的正中午
吃著麻辣湯麵一面流著汗
一面從滿是食物的嘴巴中擠出這句話：
「年輕，就是要創造回憶的題材，別到老了跟孫子說：
『想當年阿公啊……唉！好像沒有什麼可以說的……』」

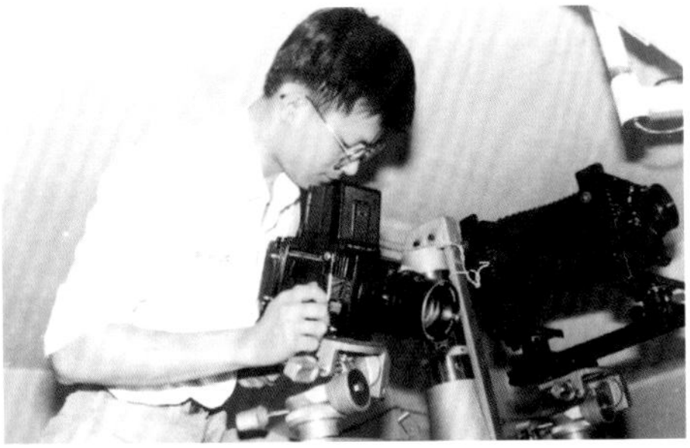

以為學了攝影，就不用練素描，結果五年都在學印刷。

那年十七歲
阿富因為印刷「攝影」科被拐進世新
（結果攝影總共只有四個學分）>_<

一進入世新
他的首要目標就是奔向社團
地毯式搜索著與摺紙相關的社團
最後鎖定了當時的「民俗藝術社」

「請問你們有摺紙課嗎？」
「有啊！有啊！趕快填報名表！」
接連幾天中午，都有學長姊請吃午餐
阿富滿心歡喜：
「果然，這就是期待中的社團生活！」

一頭栽進去的阿富在入社混熟後
才發現事實的真相

原來
民俗藝術社裡
根本沒有摺紙課程
也沒有其他社員，全是幹部
至於新社員嗎？
掐指一算，只剩……阿富

就這樣
他成了唯一的……「傳人」

民俗藝術社社員資料。

當年把阿富拐進社團的就是他，居然在近三十年後，換他自投羅網聯絡上了^_^

阿富除了紙藝，也教蠟染（半路出家，硬著頭皮上陣）。

既來之　則安之

面對快要倒社的社團
面對輪流排隊請他吃飯
急著傳授自己一招一式的學長姊們

他不得不一個人撐起一個社團
從活動、美工、企劃、文書到教學……
扛起所有社團大小事
就此練成十八般武藝

在參加社團一個月後

上 / 因為請不起專業老師，只好硬著頭皮上場教學。

下 / 經過慘澹經營，終於社團起死回生，人數變多了。

就在學長的慫恿下
登台教「摺紙」
第一堂二十五人
第二堂五人（期中考前）
第三堂（期中考後）三個人：
社長、教學組長……阿富
學長：「學弟，世新的池塘太小了，
你應該朝向大海前進！」

學長果然是學長！
這番話讓阿富
忽然變得「充滿可能」

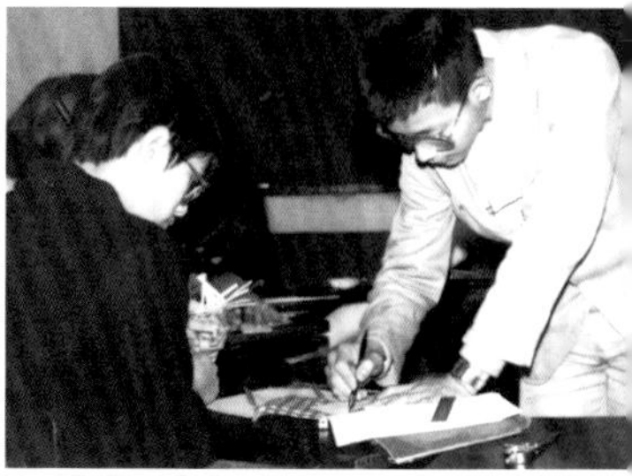

阿富每學期都辦紙藝個展。

摺紙課程失利後
阿富發現：講台上不是我想教什麼
而是學員想要學什麼！
唯有擴張眼界，才能開創未來

1986年文建會的民間劇場，阿富成了最年輕的藝師。

**“關心需求，
創造自我存在的價值”**

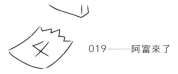

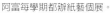

好人卡造就阿富

別說他花心　他只是多情
純純的　他
曾暗戀著一個女孩
在小學一年級遇見她
在小學二年級努力為了她成為　功課第一
打架第一
勞作第一

在升小學四年級時　她　卻轉學了
就這樣　尋尋覓覓七年
不放棄的小阿富
逢人就借　畢業紀念冊
實行　超級的尋人任務
在進世新的那年，他終於找到了她
為了給她一個SURPRISE
阿富翻遍群書
看到了翁參隆老師所著的《紙・裝飾》
一張紙怎麼可能做出一座城堡？
真的是一張紙吔！
別人能，我也應該可以！

足足一個月
阿富使勁說服自己
「我可以！我做得到！」

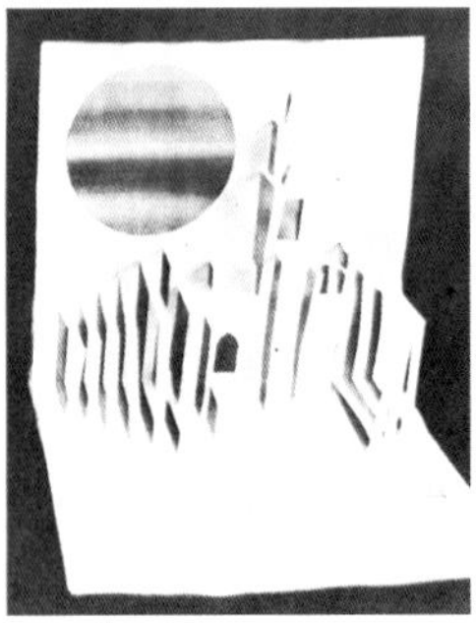

上／紙雕啓蒙老師翁參隆、陳惠蘭老師伉儷。左下／《紙・裝飾》是阿富的第一本紙雕秘笈。右下／為了做出照片中作品，阿富花了一個月時間研究。

2014年應當年女主角的要求，復刻當年的第一件作品。以背後打光顯現出隱藏的夜間效果。

❝天下沒有最好，只有更好
分享，才是唯一的王道❞

在**deadline**的前兩天
阿富用四小時完成了第一張立體卡片

據女主角本人表示：「我家信箱壞了！」
收了「好人卡*」
只好「將小愛化為大愛」
在學長的安排下
阿富又站上了講台公開教學

沒想到反應出奇的好
大家要求再多學一些
「可是，我只會這一張！」
「你不會再設計嗎？」
「也對！」

若干年後，當年女主角的女兒，現在叫阿富「乾爹」。

小小的改變就是創造
隔週，阿富的**pop-up**課程又再開了
而且，一發不可收拾
許多社團都主動將阿富列為
榮譽社員（免費的師資）
「雖然，我也許不是做得最好的人；
但，我可以做最願意分享的人」

就這樣
阿富正式展開**pop-up**的推廣之旅
阿富心想著：
如果要做到最好才願意分享
那麼你永遠只會在原地踏步
因為天下沒有最好，只有更好
分享，才是唯一的王道

關於那一張卡片的故事
愛情沒成功
事業卻開始**pop-up**了！

註：「好人卡」意謂「你是個好人，但你不是我的菜。」

我是學生　我創業

為了不讓父親擔心
阿富承諾在五專畢業前
在學校期間就收到聘書
預約將來的工作
於是他將社團視為
「學生時期的事業」
積極投入，吸取經驗
除了推廣校內社團業務外
更創辦校際社團（**民俗協進會**）
開始跨足不同的學校
達到：推廣民俗藝術
　分散風險
　人才交流

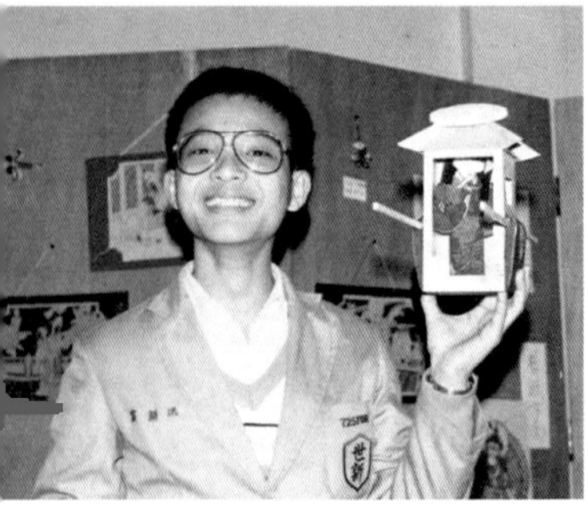

上／社團教學終於練就了台風，瞧大家專注的樣子。中／為了把學姊的作品娶回家，連夜趕製的花轎。下／把新娘用花轎一起抬回家。

一石多鳥的功效
此外每學期舉辦校內個展
強迫自己創作
同時也培養更多未來夥伴
當年世新的學生餐廳老闆
訂做了一個空框
掛在餐廳
標明「作者：洪新富」
邀約他不定期的更換作品
「嗯……他，在表現什麼？」
「傻瓜！這就是藝術！」

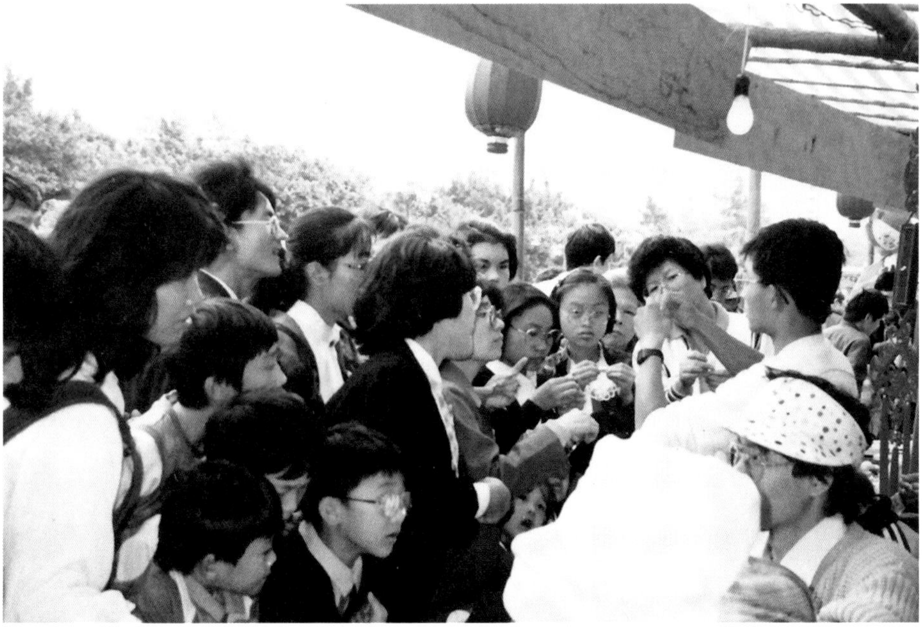

上／青年公園的戶外教學，沒被熱情的群衆嚇倒（強作正經）。下左／為了籌募社團經費，到麥當勞前賣藝。下右／到他校教學，播種紙藝（順便賺外快）。

一次
阿富沒來得及將作品掛入空框中
站在空框前沈思許久的兩個女孩
蹦出了這樣的對話

一個意外的小插曲
成了他在五專時期的創作註腳

辦個展，校長兼打鐘，從海報、佈展到宣傳，一個人包辦！

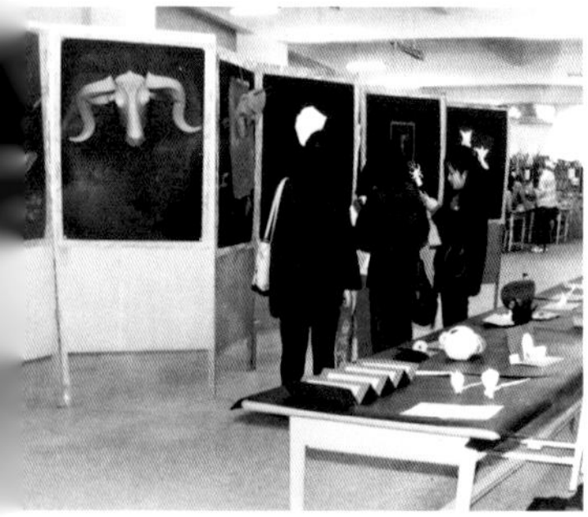

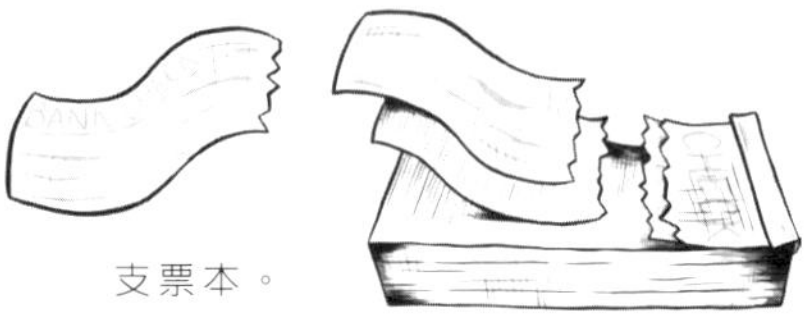

支票本。

在升高中的聯考中
阿富技巧性地「高分落榜」
只因他嚮往五專的社團生活
同時發現普世價值
扭曲了無數人的青春歲月
為了做自己命運的主人，阿富進了五專
為了讓家人放心
他承諾五專畢業前一定能做到「聘書到校」
預約將來工作，否則就乖乖地準備插班大學
直到五專畢業前，他成功兌現對父親的承諾

兌現支票

一號支票：全國卡片設計比賽銅牌獎（1986年）
二號支票：設計出人生第一套立體卡片產品（1986年）
三號支票：準備好人生的第一本書（1987年）
四號支票：輔大應用美術系主任的VIP保送插大門票（1988年）
（ps.阿富沒有接受第四號支票，終身學習是阿富所選擇的路）

當時，阿富認為
成功的人需要具備三種技能
表達能力：自己對自己及他人，把話說清楚
辦事能力：成事需要的步驟與方法
領導能力：集眾人之力把事做好做大

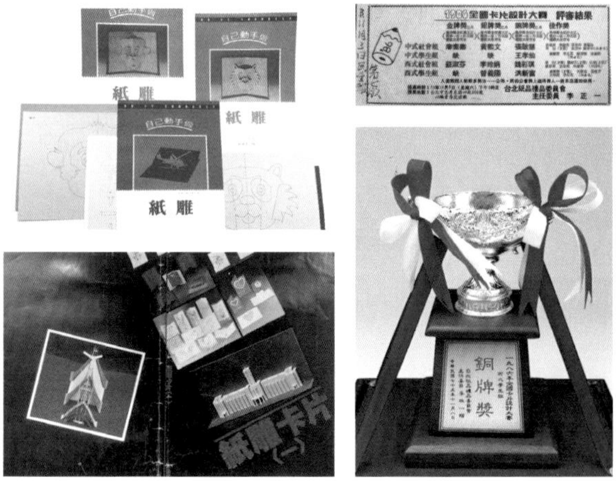

左上／與美敦紙品合作的第一套立體卡片產品，充滿了實驗性，至於結果……。左下／第一本書是阿富用了一年實習的結果，隔了四年居然被出版社買來出版。右上下／銅牌獎，但金牌從缺，所以算是第二名！

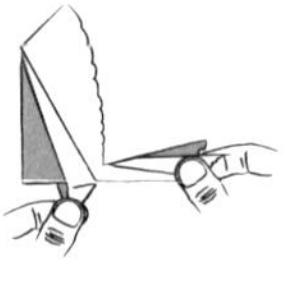

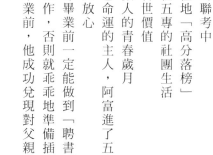

校際「民俗協進會」裡的「勇腳」。

校際聯誼是一定要的啦！

等人時也可以練練功，交流一下。

表達能力

原本嚴重口吃、缺乏自信、害怕與人四目對視的阿富
為了突破重圍，開始展開一系列的試膽訓練

試膽訓練1：練眼神
鎖定對象：授課老師
鎖定時間：課堂上
鎖定原由：練定力的不二人選
阿富用專注的眼神疑惑了老師教課的自信，
嚇跑了同車的乘客……
引起了校園美女的注意（這個人怪怪的……）
當然也常引來被K的危機

試膽訓練2：努力爭取發言
試膽成果：同學抗議老師針對個別同學講課

試膽訓練3：參加辯論比賽
試膽成果：獲頒最佳風度獎

辦事能力

多做多錯，總比不做不錯好
只要是別人不願做的
一定有可以挑戰學習的地方

策劃社團活動
發起校際社團
籌募社團經費……
社區志工服務……
寫公文、找經費、帶活動……
做記錄……修社團章程……
多做、多功、多養成
當然也多挨罵
重點是：知道自己在做什麼

領導能力

要成就大業，絕非一人之力
集合眾人，需要領導統御
阿富雖無項羽之力
劉邦之能……
但深知要做好的領導
必須先學會如何被領導
欣賞能者，扶危濟弱
獻策突圍，信心喊話……
成了阿富修行之旅

遍訪名師　學無止境

欲練神功，必先……

好的功夫絕不能靠嘴巴說說而已
更要紮穩腳步，潛心苦練
當然若能有絕世高人指點
神功可期……

身教言教終身導師——翁參隆、陳惠蘭老師伉儷

那是個穿著大衣的季節
阿富假借採訪之名，行拜師之實
來到了翁參隆老師與師娘陳惠蘭的家中，採訪結束後
眼見機不可失
掏出嘔心瀝作，意圖拜師
翁老師在這時開口了，感慨地說著：
「出書十幾年來，第一次
有人將我書中的作品真真實實的做出來！」

“一日為師，終身感佩”

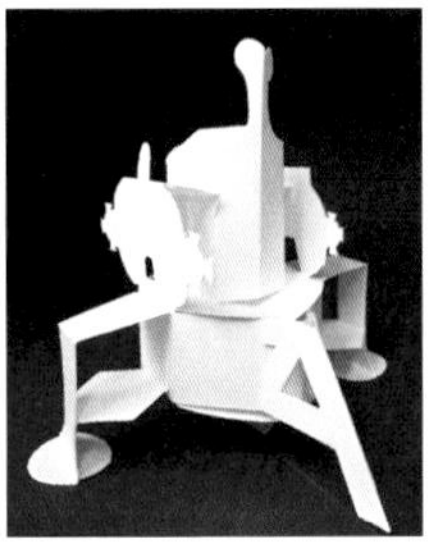

就是這件登月小艇，讓翁老師收了阿富為徒的。

翁參隆、陳惠蘭老師伉儷，是阿富理想的家庭模式，一交女朋友先帶給老師看過，才帶回家見父母。

就這樣，阿富開始過著
放學扛著十幾公斤的大書包
衝到板橋翁老師家，蹭飯、學紙雕的生活

一次瓶頸換一次挑戰

十九歲那年，阿富在推廣紙藝上遇到挫折
請教翁老師，該如何突破
寡言的翁老師給了阿富兩個字
「出書」

就這樣
他　一個人
　一年多的時間
用　一百多人的實習材料費
在二十歲完成了人生中的第一本書

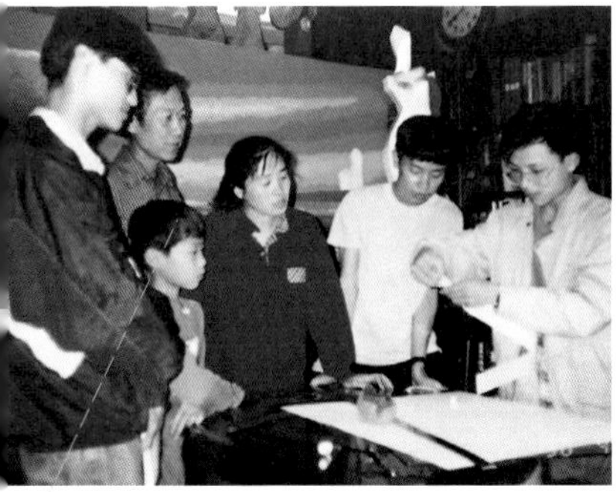

到翁老師家交～作～業！

交棒&接棒

2007阿富邀翁老師於中正紀念堂「紙於至善」展出。

「做老師就是要當學生的墊腳石，
能教出一個比自己更優秀的學生
是老師的天職與肯定。」

是那天翁老師對阿富說的話
震撼了阿富
改變了　阿富
　更啟發了　阿富
為師之道，當若此
「知無不言，言無不盡」
成了阿富榮耀翁老師的信念

底圖的荷花是用層雕剝撕法所雕繪而成。

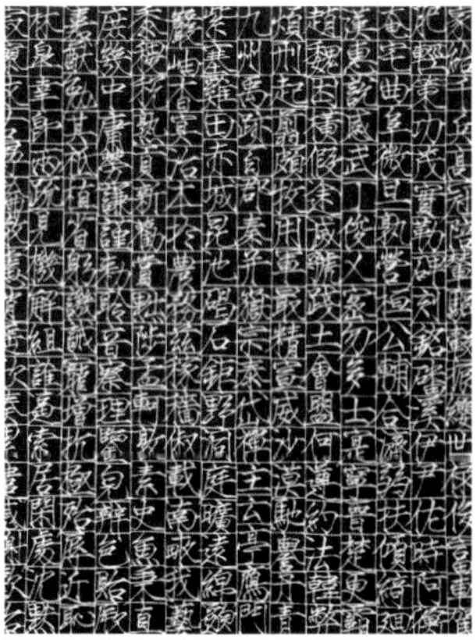

千字文，在創作時，以刀代筆不打底稿，一氣呵成。

金爾莉老師

真情至性、笑罵由人——金爾莉老師

金爾莉老師的作品就跟她本人一樣
單刀直入、利落灑脫、不落俗套
特立獨行、單純而敏銳，卻又遺世獨立
不管別人眼光，追求真切的自我
欣賞她作品的人很多，受得了她的人很少
而阿富居然是那少數人之一耶！

「在垃圾堆中找到屬於它的美。」

能夠說出如此獨具風格見解的金爾莉老師
正是阿富投其門下的主因
跟著金爾莉老師
他從來沒學到動剪、動刀的技術
卻獲得最大的觀念養成
即是——

「在不美的地方尋找美感！」

一九八五年金爾莉老師
在歐洲巡迴展後
與阿富失聯
直到一九九二年初
阿富從報紙上又看到金老師的消息
再次聯絡上金老師已在比利時魯汶市
創辦了「紙藝博物館」
也因為金老師的一封個展邀請函
阿富開始了國際巡迴展出之旅

“在不美的地方尋找美感”

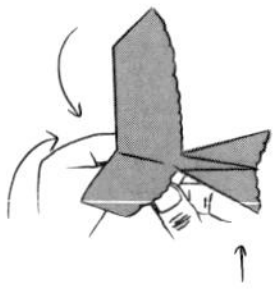

摘自簡福龍老師作品「立體紙雕」一書。

左／摘自簡福龍老師作品「立體紙雕」一書。
右／在新象藝術中偷拍簡福龍老師的習作。

惜才大器、無私分享——簡福龍老師

簡福龍老師的紙雕面具
能將柔弱的紙，表現得剛強而有力
利落的摺線，刻畫出極緻理性設計
所展現出的感性空間
「頂真」的作品，沒有一絲的綴飾
認真而瀟灑完全沒有違和

喀擦！
買不起作品，卻又抗拒不了作品的魅力
只好鼓起勇氣，拿出相機……
接下來就是……被展務人員架出去
阿富因為這張鬼面作品
進而拜簡福龍為師

「不要到我的班上報名！」
開班授課的簡福龍老師
在看完阿富的作品後這樣對他說
進而將他的武功秘笈交給了阿富

意外獲得武功秘笈
首要任務就是留副本+練功
就這樣，整整花了一個禮拜的時間
他設計出三件作品
簡福隆老師和阿富見過三次面後
就認證可以「出師」了

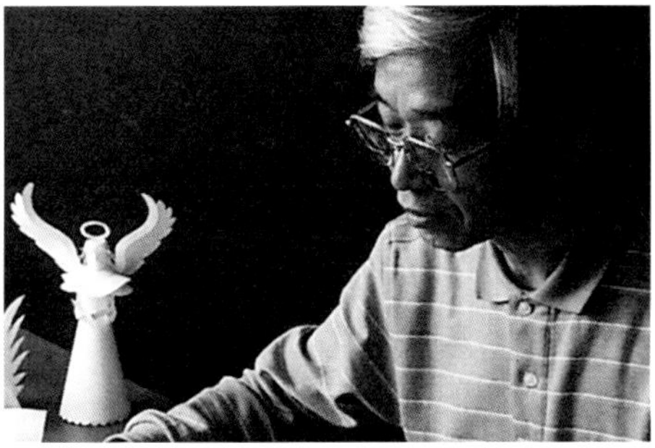

簡福龍老師

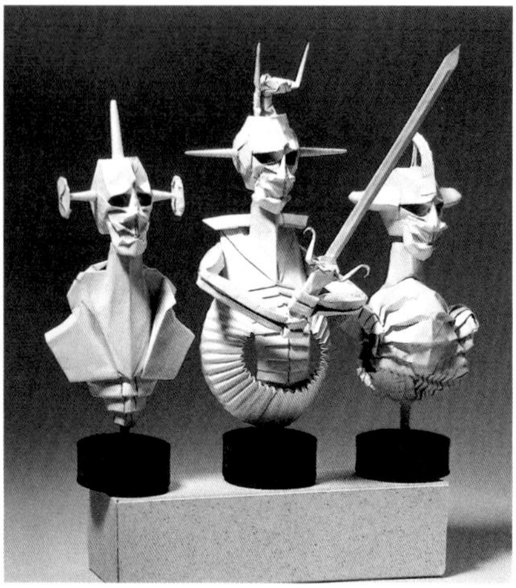

外星戰將。圖片提供：賴禎祥老師

九龍——永久興隆。圖片提供：賴禎祥老師

創作不懈、爐火純青——賴禎祥老師

臺灣紙藝界的精神泰斗——賴禎祥老師
從十三歲起就勤練摺紙創作
不假外學，自成一家
無所不學、無所不思、無所不做
賴老師的創作量與質
兼具了·切想像的極限
見過賴老師摺紙作品的人除了「爐火純青」
恐怕擠不出更好的形容詞

退伍前，阿富看到賴老師的報導
趁著放退伍假，衝到臺中想拜師
賴老師堅持以同好相稱
卻不時的提點阿富創作的技巧，不斷叮嚀處世之道

一直以來
賴禎祥老師總是勸他別往火坑裡跳！
要做事如拼命三郎的阿富，凡事三思而後行
阿富與賴禎祥老師，始終維持著奇妙的關係

賴禎祥老師謙稱他為「同好」
阿富一直以「學生」自居

2000年與賴禎祥老師攝於宏都拉斯。

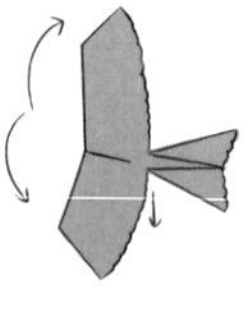

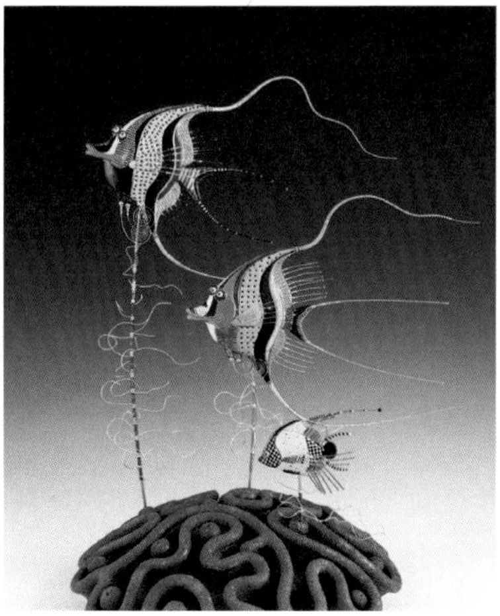

神仙魚家庭。圖片提供：蔡爾平老師

上 / 螳螂。下 / 變色龍。
圖片提供：蔡爾平老師

色彩魔術師、彩繪世界——蔡爾平老師

蔡爾平老師的「三把土（鄉土、陶土、園土）」
從平凡中創造奇蹟，在知性中充滿感性
思想言談充滿智慧，豁達的心態，不斷提攜後進

用鼓勵、分享改造世界
凡事好奇、凡事思索、凡事實踐
君子不器，處處生機

蔡爾平老師把對鄉土的關注，用陶土詮釋生命
豐富的生態知識，種出許多自然界不可能存在的植物
把自家的庭園，建設成聯合國公使夫人們每年必遊之處
精彩的人生閱歷，勾勒出天人合一的創作境界
他的智慧、熱情，無人能及
感染了所有接觸到他的人，也感染了阿富
開啟了他多元的思想及內涵
提升了阿富看世界的高度

回想拜師之路，從納悶到頓悟
阿富說，這些老師從來沒正式教過他技術
卻交給了他
更有價值的「**觀念**」
同時用作品、用身教引領「**態度**」
這讓阿富得以領略、頓悟、脫胎換骨
練就一身技藝

2016年與蔡爾平老師攝於華山文創園區。

瓶頸的啟示

該被研究的怪人

二十歲的阿富，開始思考
從Impossible到I'm possible之間的距離有多遠？

那年，阿富成了文化大學哲學系的研究對象
對方開門見山直問：「立體卡片的極限！」
幾番辯證後，終於遇到了極大的屏障
在經過四五個小時的哲學思辨洗禮後
發現：「障礙是從內心的迷思開始；
解決問題的根本在於『心態』。」

從此，他不再為自己設限
功力也跟著倍增
因為

心開了＝眼亮了＝沒盲點了

❝創作是「過去」，「現在」與「未來」間的對話❞

技術的突破必需先從觀念突破
其實
從Impossible到I'm possible之間的距離有多遠？
一念之間　一點之差
阿富發現：
創作本身就是一種「修行」
創作是「過去」、「現在」與「未來」間的對話
那天
在「被研究」
腦力激盪完的聚餐中
一口氣嗑掉兩客牛排後
阿富脫胎換骨，煥然一新

生在臺灣，登頂玉山是一種自我認同的儀式，阿富沒有過人的體力，只是一步一步認真地走，走了兩回才有機會看到玉山頂上的風光。在雲海之上所見到的盡是三千公尺以上的高峰，原來古人說的「登高望遠」是真的！^_^

登山不為攻頂，沿途的風光才是真正的收穫。

修行的重點

跟著學

破解它

離再創

**“立體卡片
成了他紀錄青春的底片”**

追求挑戰．創造精采

第一戰——欲練神功　必先自宮

凡事好奇，無所不學的好奇寶寶——阿富
心想「樣樣通」，必然「樣樣鬆」
首先他放棄成為一位「畫家」
再來是放下「色彩」
純粹專攻「造型構成」
至於紙藝的種類繁多
那就先專攻一般人實用度高的pop-up
先是翁參隆老師的書中提供了
各式pop-up的入門題材

1975年阿富在雜貨店裡「抽到」的第一張立體卡片，一直捨不得寄出保留至今。

再是：日本摺紙建築大師
「茶谷正洋」純造型的立體建築pop-up
挑起了阿富的鬥志
那些年阿富長期營養不良
因為他把早、午餐的錢都省下來
「買書去了」
精神滿足了，身體自然沒問題

阿富自我要求
在書中學到的每一個概念或作品
自己都要能舉一反三
創造出三種新結構

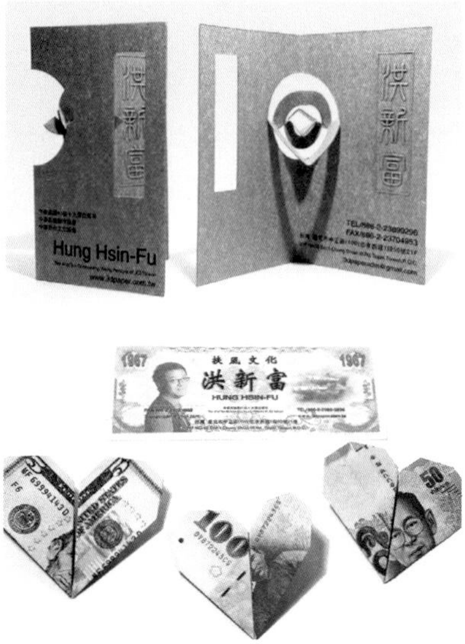

上／阿富的立體名片，讓人就算忘了他的長相，也還捨不得丟掉。下／鈔票名片。

「欲練神功，必先自宮」宮掉的是諸多的慾望，練的是專注的神功。

不讓自己滿足於模仿
而是真正的理解與突破
從書中歸納出作者的思維模式與切入觀點
進而發現自我，創造風格

練就了立體紙雕卡片這門功
走火入魔的阿富
從此，走到哪，看到哪
所有映入眼簾的人、物、景
都成了他腦海中被解構的設計圖

阿富相信：通才只能有小丘陵的高度
登上玉山後，映入眼裡的只有
三千公尺以上的高山

練就了立體卡片的深厚功力
再學其他各類藝術
就不再須由基礎打起
因而加快了修行的速率
朝向「達人」之路邁進

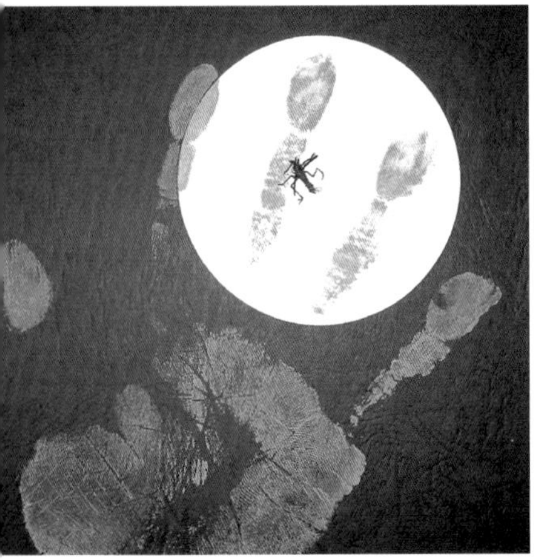

上／當蚊子在輔大應用美術系展出時還活得好好的。下／這是到萬能工專展出後的「下場^_^」！

“生命的賭徒，全神貫注、勇往直前、屢敗屢戰，永不缺席”

第二戰——虛實不分 真假難辨

啊！蚊子！啪！

傍晚的軍訓課
總是蚊子肆虐的時間
一隻粗心的蚊子
就這樣成了掌下亡魂
瞬間定格的死相
成了阿富創作的靈感
馬上就用紙做出了一隻，擬真的蚊子

放在掌心
見到同學
想打哪裡，就打哪裡
打完人家還會跟你說謝謝

當時阿富的作品於校際巡迴展
到了萬能工專展出時
負責佈展的人員因為受不了蚊子的騷擾
忍無可忍於是大開殺戒

啪！啪！啪！……
啪！啪！啊！……

慣性驗屍後
悲劇卻發生了
她一掌打扁了阿富的紙蚊子

「蚊子勿打」
成了往後展出時
必備的告示牌
那時許多觀眾一直納悶
「為什麼見到蚊子不要打呢？」

牠是無辜的

哎呀！
怎麼會這樣
要打
也請先看清楚
我的樣子
真的那麼令人討厭嗎？

——帥蚊子

樂園

別說我　無孔不入
誰叫你　讓我有機可乘
或許你　一點都不在意
但我卻已經找到了　天堂

——一隻滿足的蟑螂

「我不管！丟掉！」
「把它包起來！」
嚇得花容失色的女孩
跳到桌子上緊張地對著阿富大吼
逼得阿富
將手上的紙蟑螂當場分解
才平息了這場風波
從此
所有怕蟑螂的女生
一聽到阿富的名字都聞之色變

一開始
調皮的他是為了嚇人
而創造出這隻男人喊打
女人喊罵的蟑螂
不久後卻成了他自我的心情寫照
阿富說他努力實踐「蟑螂」精神
再險惡的環境都能生存
再少的食物都能滿足、快樂
任人打罵，不亦樂乎……

「噁……真殘忍，
居然用真的蝴蝶來做作品……」
這是看展時
偷摸「洪氏紙蝶」觀眾的怒吼
「嘻……又拐了一個……」
這對阿富來說是一種讚美
為了模仿自然
阿富花了十幾年，獨家研發出：
「騙死人不償命」的「洪氏紙蝶」
利用鐵筆壓出脈絡，再用粉彩擬真鱗粉
只要用手一碰，不但摸到觸感
還會沾到一手的粉
就這樣，拐過一個又一個……

洪氏紙蝶

人們都說我是美麗的化身
事實上我只是一個探訪者
一個熱愛舞蹈又不事逗留的
過客

——洪氏紙蝶

第三戰——
完成人生第一本書——《紙雕卡片基礎篇》

雖說這是翁參隆老師給的任務
卻也是阿富給自己的「**成年禮**」

既然如此
阿富將出書視為
人生每一個階段的整理、交代、回顧與省思
凡走過必留下痕跡，若無計劃加上系統性的整理
恐怕成了「雁渡寒潭」、「船過水無痕」

人生總要有些念想，留點「**里程碑**」之類的
阿富說自己比較偷懶
就以十年為一個階段吧！
每十年，都要給自己一個目標

二十到三十歲，菜鳥打拼期——
為紙藝播種、教育市場、打拼和自我累積經驗

三十到四十歲，開疆闢土期——
累積足夠經驗後開始衝撞這個世界，開疆闢土
舉辦國內外個展、出版、教學
當選台灣十大傑出青年——
自我惕勵，大孝顯親

紙雕光碟系列圖庫也是阿富的出版選項。

出書成了里程碑的另一種形式。

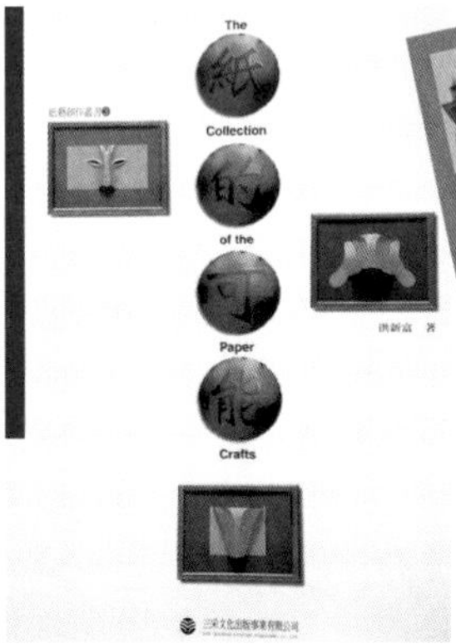

四十到五十歲，自我實現期——
活出價值，傳承紙藝
透過紙藝作品的商業量產、建置感性
關懷及感恩的互動社會

五十歲過後，自由揮灑期——
創建「快樂玩，有效學」的情境學習基地後
組織「白吃白喝團」，以工代賑
到處吃喝玩樂去

阿富用他自己獨特的方式為自己立里程碑

二十歲——《紙雕卡片基礎篇》
三十歲——《紙的可能》
四十歲——《紙的詠嘆調》
五十歲——《設計．洪新富》
這些各時期著作
成了他多年來在世界走跳的足跡

“機會，就是要靠自己去創造的！”

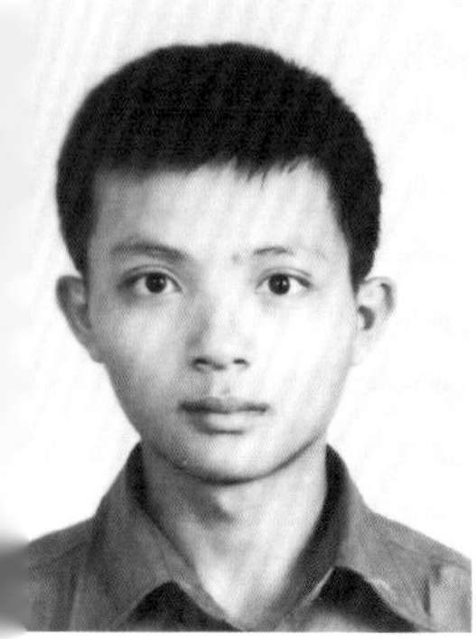

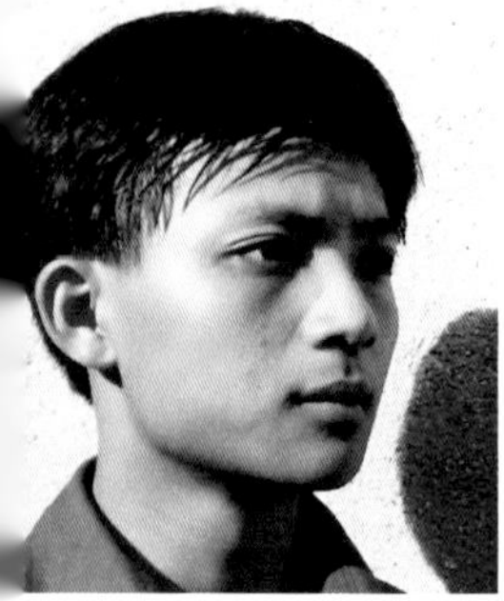

幾乎每個當兵的男人都有過一張青澀的臉。

第四戰——我命由我定

「你背後有幾顆星星？」
「我沒有星星。」
「你有什麼背景？」
「我沒有背景。」

這是在阿富當兵半年後
被調到陸軍總部美工隊時的第一段對話

因視差過大，可以不必服兵役的阿富認為：
當兵能夠使「男孩」變成「男人」
不願規避應盡的「義務」
因此他毫不猶豫地選擇入伍

「**我命由我定**」
是他人生中極為重要的準則之一
「我，
不想靠一支籤決定自己的去處。」

因為阿富始終相信
機會，就是要靠自己去創造的！

陸軍總部美工隊裡
有許多日後在臺灣發光發熱的藝術家
曾經他們有過統計分析出，這樣的結論

藝術家成名的方式：
一、**子承父業**：師出名門或世家
二、**漁翁灑網**：辦畫會，互相提攜
三、**死拚活拚**：拼命參賽，讓別人不得不看到你

除此之外，尚無他例
而這三種條件，阿富，都沒有
「**山登絕頂我為峰，水到無涯天作岸**」
路，是人走出來的
阿富雖無過人之處，但「**堅持**」
是他不變的長處
於是他開拓了第四種方式

四、「**耳語運動**」：
不斷教學、出書和辦展覽
讓更多人認識紙藝，談及阿富

每每被問到：「這件作品花了多少時間做？」時，阿富心中總有許多的○○╳╳……

第五戰——千錘百煉　龍的傳人

在軍中阿富除了平常的勤務
更將當年在「民俗藝術社」
練得的人文修養，轉化為創作系列
不但獲得陸軍文學金獅獎
更開始了「民俗風」系列創作

而「飛龍在天」正是他對於
身為中華民族一員所做的詮釋
在創作時，他必先齋戒沐浴秉氣養神
從傳統中綜合、歸納、去蕪存菁
定案以正面盤龍，雙掌承天，雙足啟地
意謂「承先啟後」，雙眼俯視，眾生平等

之後每隔幾年
阿富總會不定期的閉關重新演繹「飛龍在天」
同樣的題材在不同的人生階段中
會呈現出迥異的特質
阿富用「飛龍在天」記錄著他的心路成長
也用以提醒自己身為炎黃子孫該有的擔當與使命

直至今日，已經進化到第八代，雖未至臻境
但仍堅持追求那份專屬於華人的「**文化歸屬**」

退伍後酸甜人生

「天將降大任於斯人也，必先苦其心志，
勞其筋骨，餓其體膚，空乏其身……」
這是退伍後的阿富
跟家人開了三年創業的支票
在身無分文及金援的情況下
唯一的支撐力量

上／我不是來客串的，真的是來「做生意」的。
下／軍中創作照。

上／用紙雕做出預想圖。
下／完成後的KTV裝置藝術。

曾經，為了存錢創業
從薄命的賣廣東粥
到搏命的幫黑道大哥做KTV裝潢……
樣樣來

其實，不論哪一個生命階段
他，又在做些什麼
始終不變的是他的創作

為了安母親的心
阿富靦腆地在街頭賣了四個月的廣東粥
每天四點起床，工作到下午兩點
剩餘時間用來創作

“原來「桃花源」是打造出來的”

為了讓媽媽放心，阿富用了不少心。

一九九〇年十二月
阿富辦了退伍後的第一場個展
在這之間，阿富找過許多工作
但，卻總是被好意的婉拒
有想法的人
總是很難被保守的環境所接受

阿富的運氣好像總是特別好
退伍後第一次個展雖無家人支持
卻因遠房姑姑的意外參觀而在家族中獲得肯定
雖然沒有任何作品售出，卻結交不少莫逆
在未來的人生中成為取之不竭用之不盡的動力

「阿富啊！我老婆多煮兩碗飯，
趕快過來幫忙吃哦！……」

騎了四十幾分鐘摩托車去吃飯
吃的不僅僅是那兩碗飯
吃的是相濡以沫、惺惺相惜的那份感動
原來，「桃花源是找不到的，
那得用心才能打造出來！」

曾經，有位朋友這樣對他說

於是盯著阿富寫下生涯規劃書
寫下夢想，逐年驗收

退伍後的第一場個展，在演藝廳前展出，順便撈撈跨界的「觀衆」！^_^

發行明信片代替DM，物盡其用，一舉兩得。

夢趣　夢去

創業夢，夢趣？夢去？

在台北縣立文化中心
辦了退伍後的第一次個展後
順利地　賣出自己人生的第一本書
——《紙雕卡片基礎篇》
順利地　獲得了版稅

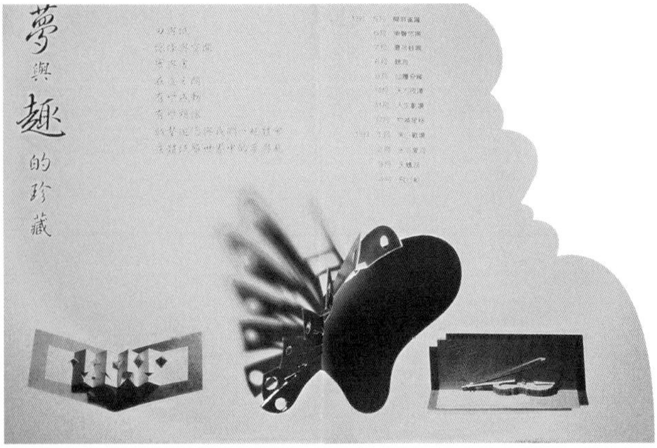

連宣傳用的DM都用實虛影雕的方式呈現。

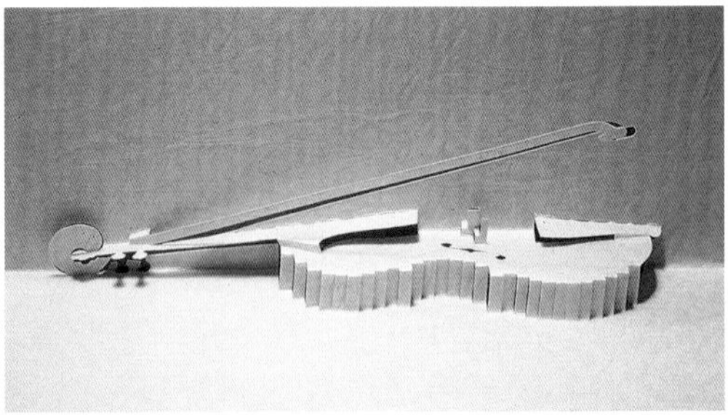
樂聲悠揚

他決定用這筆錢創業
他在自家的地下室
成立了「**拓坊**」紙藝工作室
希望將自己的紙雕卡片
變成精緻的收藏
打造屬於個人的收合式藝術品
客戶能像訂閱雜誌一般
享受每個月收到作品的驚喜
因為如此，他創作出了「夢趣系列」
但諷刺地從「**夢趣**」變成了「**夢去**」

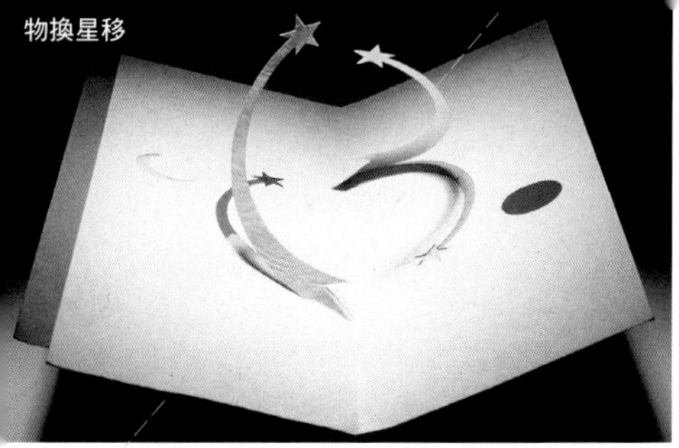

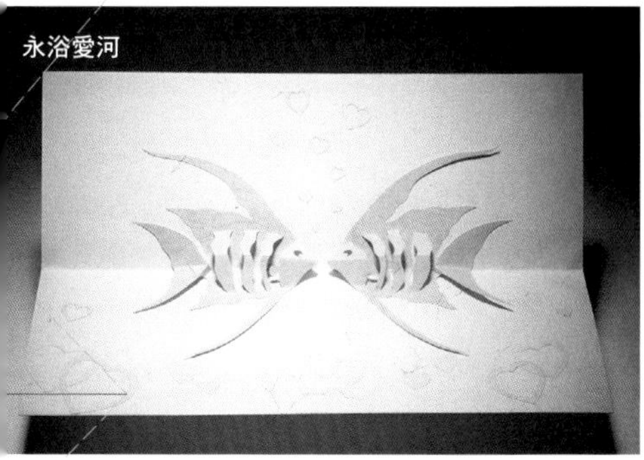

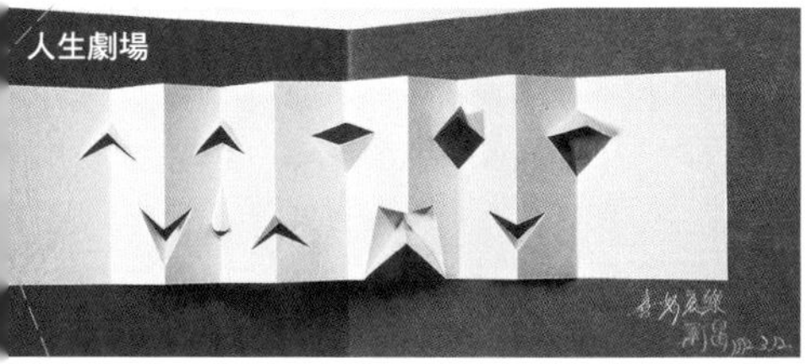

物換星移：Pop-up！打開卡片的瞬間，兩顆星星畫過天空相會，邂逅。仙履奇緣：盯著玻璃鞋發呆的女孩，南瓜還沒成熟，美夢還沒成真。黑白戰場：人生如棋，世事變化，掌握，卻依然在我。

在當時
太過創新的想法
加上不擅行銷的阿富
「失敗」成了「必然」的結果

公司僅存的notebook被當成了遣散費
跟著員工離開了

但對阿富來說，每一件仍是
自己嘔心瀝血的獨立作品
都有它的不凡之處
當時只是太年輕，計劃太超前
火不熄，仍待燎原之期

蝶的情事

君子不器，唯尚自然

六歲開始
阿富跟著家人搬到了鄉下
當時出門，一定要帶根棍子
用來打狗、打蛇……還有打架！

一天，他的眼前飄來了一朵橘紅色的花
阿富下意識地棍起——花落
墜落的花朵被裝進透明的牛奶瓶中
成了他的「戰利品」

「那是蝴蝶。」後來阿嬤這麼告訴他

從此，在阿富的世界裡
他認定
蝴蝶就是「會飛的花朵」
在與蝴蝶有了第一次的感動之後
他成了每天拿著捕蟲網到處跑跳的捕蝶人

也開始追求設計擬真的蝴蝶作品

一開始
訴求逼真
他將蝴蝶的鱗粉轉印到紙張上
再做成作品

但是，殘忍
生命是無可取代的
不應為了創作而殺生

幾經嘗試
利用粉彩代替了鱗粉
成功地在展覽上騙過了所有人
卻依舊被掛上了「殘忍」的標籤
也算是變相的稱讚吧！

兒時記趣

最寶貴的時光
裝在最安全的瓶裡
最美好的事物
總被留到最後
細細回味
　春天的花
　　夏天的蟲
　　　秋天的風箏
　　冬天的紅包
還有
　愛哭鬼的淚痕

　　　——頑童得意的笑

固執的蝶

我是一隻固執的蝶
覬覦著框內的芬芳
我要靜靜地等待
細細地等候
願　窗開時
　　　　成為第一位訪客

**“所有作品
都是作者生命的延續”**

有時候，「**虛**」比「**實**」更為重要
後來他發現
留其型、去其色
才能展現蝴蝶最原始的美
於是轉而利用鏤刻
再搭配光與影的邂逅
詮釋出蝴蝶如夢似幻的美

多年後的第二次悸動
那晚
他正要將蝴蝶黏貼進卡片中
周圍一片寂靜

他屏氣、凝神
卻在這時看見蝴蝶微微的震動著翅膀
好似有了生命，欲待振翅飛翔
這才發現
原來是脈搏通過了手掌心傳遞給蝴蝶
好似賦予了它新的生命一般

枯葉蝶

飄紅化春泥
落葉情更深
枯枝疏風過
擬葉度殘秋

美麗・永恆

所有的準備　只為完美的呈現
在燦爛的時刻　與你相遇
即使是不語的撞擊
我願意　用一世等待　你的驚艷
我的心願

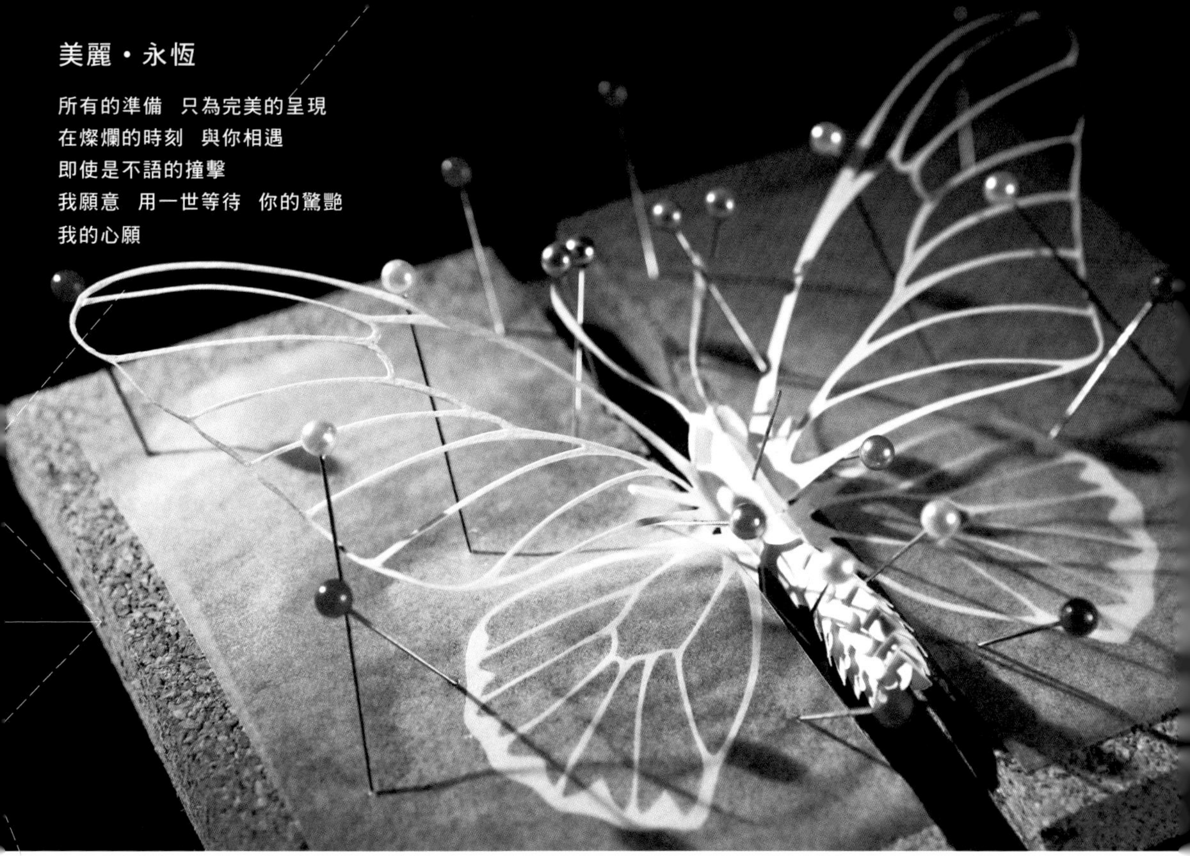

阿富認為
所有的作品都是作者生命的延續
不論快樂或悲傷
都將會透過雙手成為作品的一部分

化蝶 — 珠光鳳蝶

未來　是一種
　淡淡的鄉愁
充滿期待
　但又夾雜著　不確定
此刻　除了等待
　就是學習　微笑面對
各種可能的
　高　低　起　伏

創作即修行——借紙法的領悟

「完整是由許多碎片所拼湊而成」

蝶影留蹤　革物求新

一九九二年九月在魯汶市籌備展覽的期間
有許多時間與自己獨處創作
盯著滿地的碎紙
正在做一隻蝴蝶的阿富，忽然發現
割下來的東西比起
留下來的東西還要美
其實這些掉落在地上的碎紙
仍然是蝴蝶的一部份

《謝天》
這篇國中時期大家再熟悉不過的課文
浮現在他腦中
「得之於人者太多，出之於己者太少」
很多時候，我們只看到結果
而忽略了過程中的價值

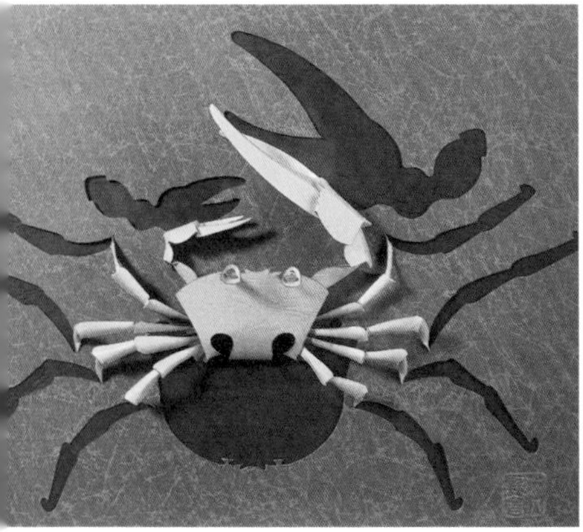

「結果不是重點
過程才是真正的價值」

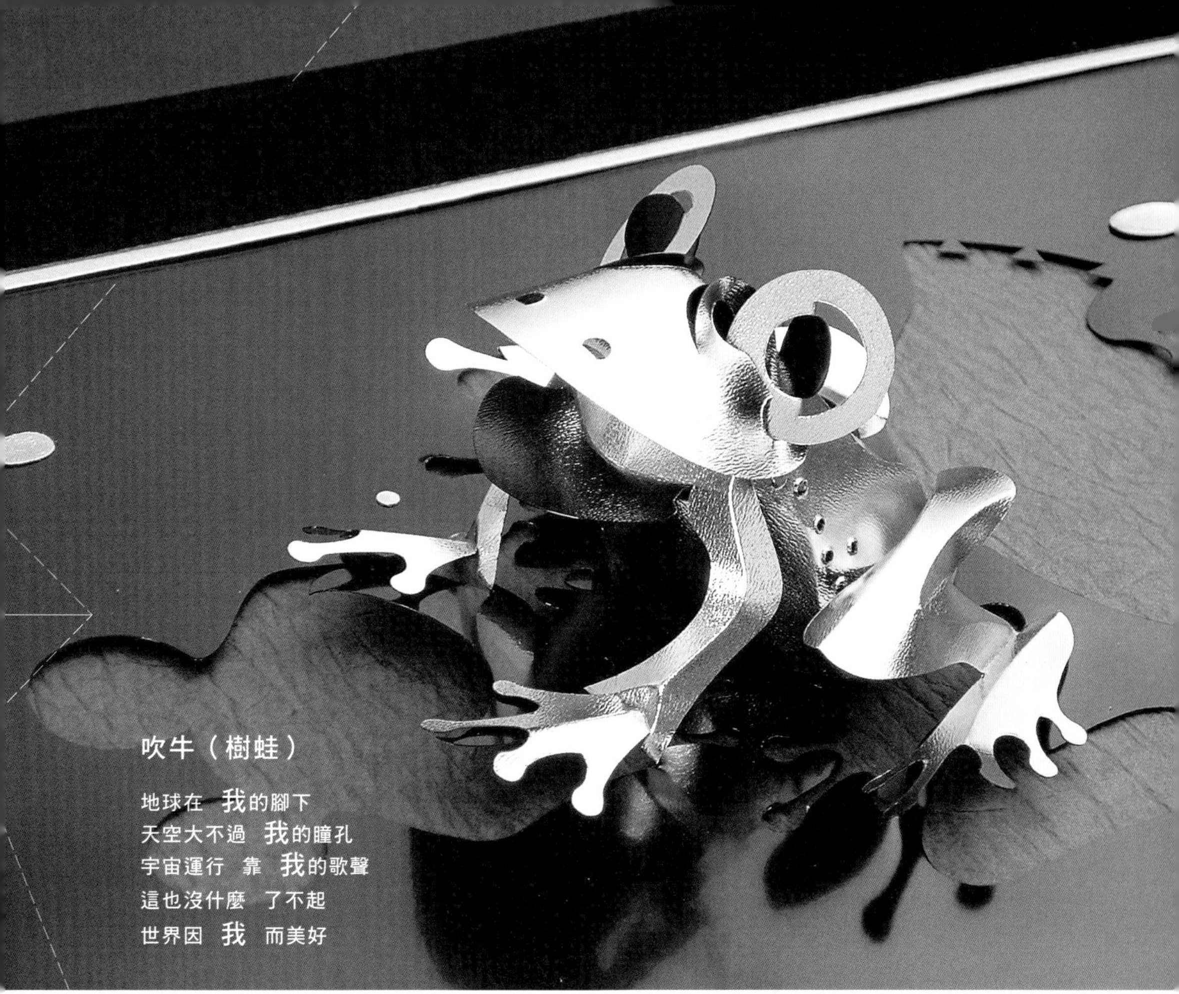

吹牛（樹蛙）

地球在 我的腳下
天空大不過 我的瞳孔
宇宙運行 靠 我的歌聲
這也沒什麼 了不起
世界因 我 而美好

阿富試想
若能把這樣的「過程」
轉換成實質可見的手法
用技巧表達出來
也許就能將內心這樣的感觸傳之於人

於是他想起小時候
上美勞課時所做的幾何翻花作品
將五顏六色的紙張，規律的割出米字形
重疊在一起，往外翻摺
會出現色彩繽紛的花朵
然而
當將所有翻摺出來的顏色往回撫平
一切就會回歸平面

用這樣的基本概念
開創了一系列的「**借紙法**」
「**大地有情**」創作

他認為，所有的生命皆來自土地
自然循環下
所有的東西最後都要還諸於土地
塵歸塵、土歸土
就如人生其實是借來的
最後會回歸原點，不增不減

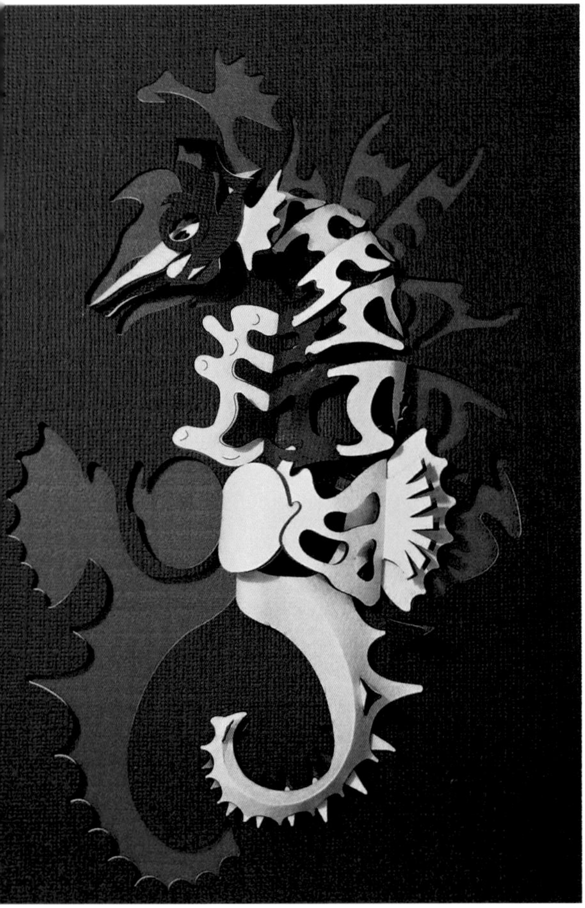

海馬

妳的辛苦　我知道
　　我真的　知道
別說　這只是安慰
不再　想像　如何？
　　　　　　怎樣？
我用行動　證明
　　對妳　全部的愛

（ps.母海馬將卵產在公海馬的育嬰袋，由公海馬來孵育下一代）

**“人生只是個過程，
一切都是借來的，
最後會回歸原點，不增不減”**

根據天圓地方說
紙是方的，屬於「地」
所有作品都與底紙相連
前後套借的紙張
相互產生了意義與變化
最後卻都還是能回歸平面
組裝的過程中
為符合這樣的創作哲學
不使用任何膠水
單純地只用插扣的方式組合
因此稱為「**借紙法**」

水族系列

是阿富發展借紙法的第一個系列
當時只是想做一些與生態環境有關的作品
而魚類是多變且美麗的生物
具有高度的色彩層次
正好適合多層次表現的
借紙法技巧來表達

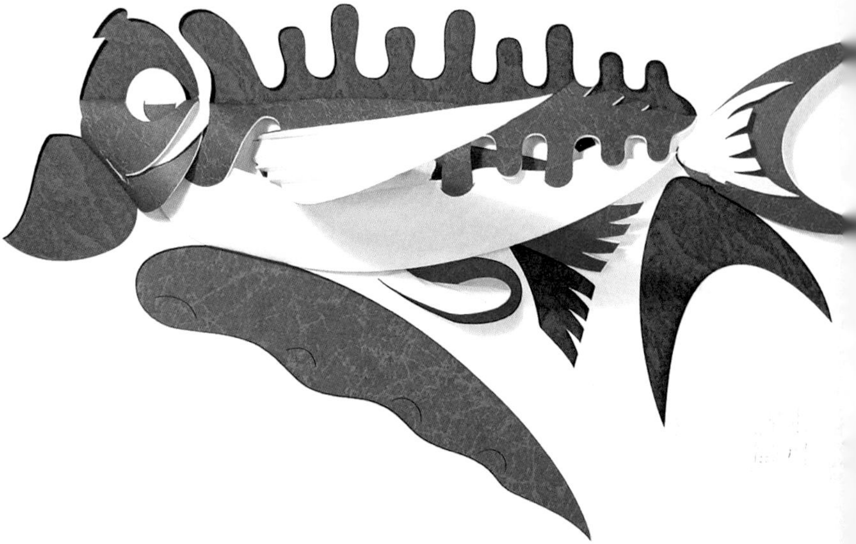

飛魚

咻……咻……
衝啊！……衝啊！……
海洋　已不是我的戰場
天空　才是我追求的天下
面對　洪流 狂者不懼
縱橫世界
　探索宇宙
　　主宰未來
期待　面對　各種可能的
　　潮起
　　　潮落

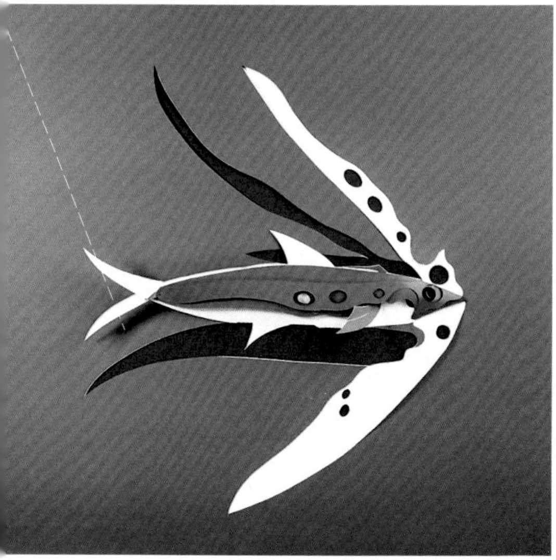

秋刀魚

也許　我只是個小配角
但　我肯定
世界不能沒有我
激情過後　總歸平淡
小人物　才是
　　　　　　絕對的多數

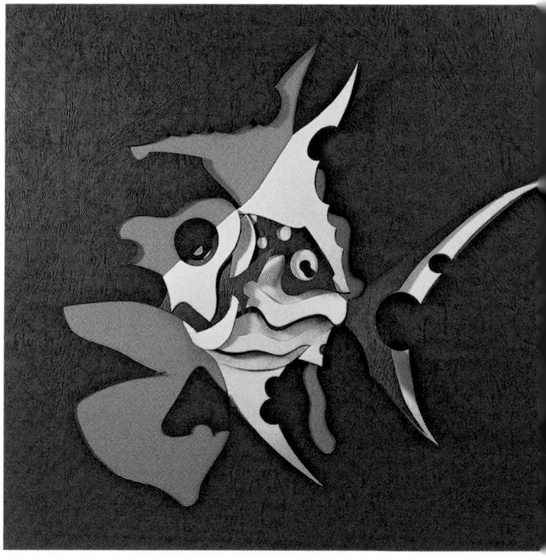

熱帶魚

世界　在哪裡
世界　在心裡
顏色　有多少
數數　我的身上就知道
最美的是什麼
　　　　有情人的笑容

——藏在回憶裡

水中游龍

存在　並不孤獨
構成　互相契合
想像　在空間中游走
物、境　本是一體

炮彈小丑

黑的？白的？
　　好的？壞的？
還有呢？
　可不可以　放鬆點
　　好不好呢　帶點笑容
在夢裡

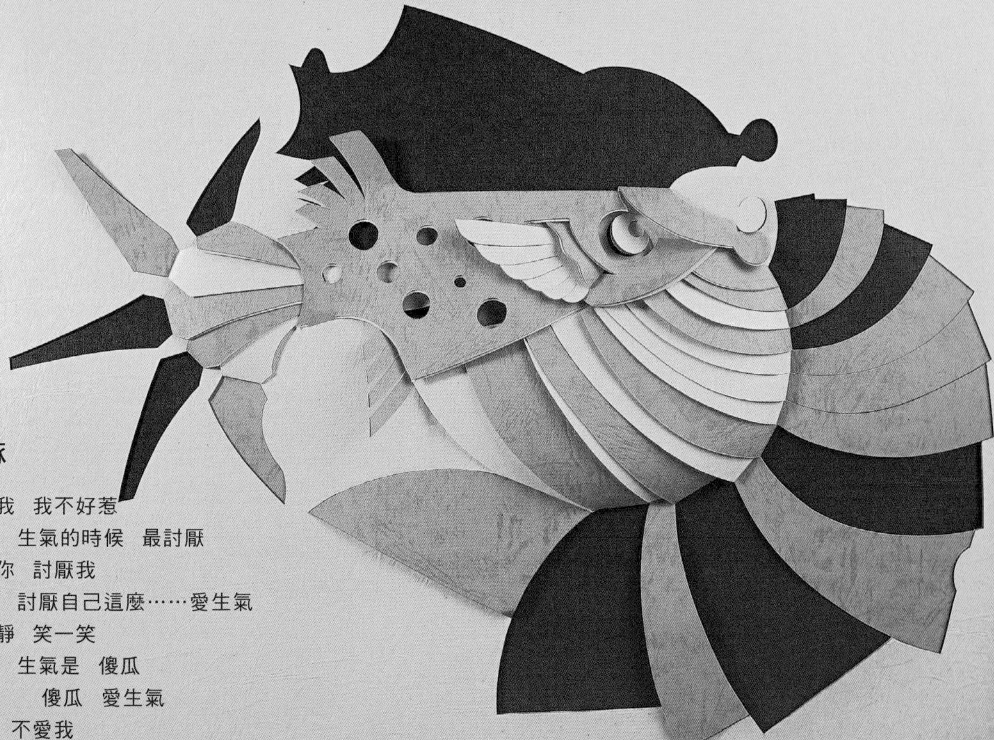

河豚

別碰我　我不好惹
　　生氣的時候　最討厭
討厭你　討厭我
　　討厭自己這麼……愛生氣
靜一靜　笑一笑
　　生氣是　傻瓜
　　　傻瓜　愛生氣
生氣　不愛我
　　　　自在　樂悠游

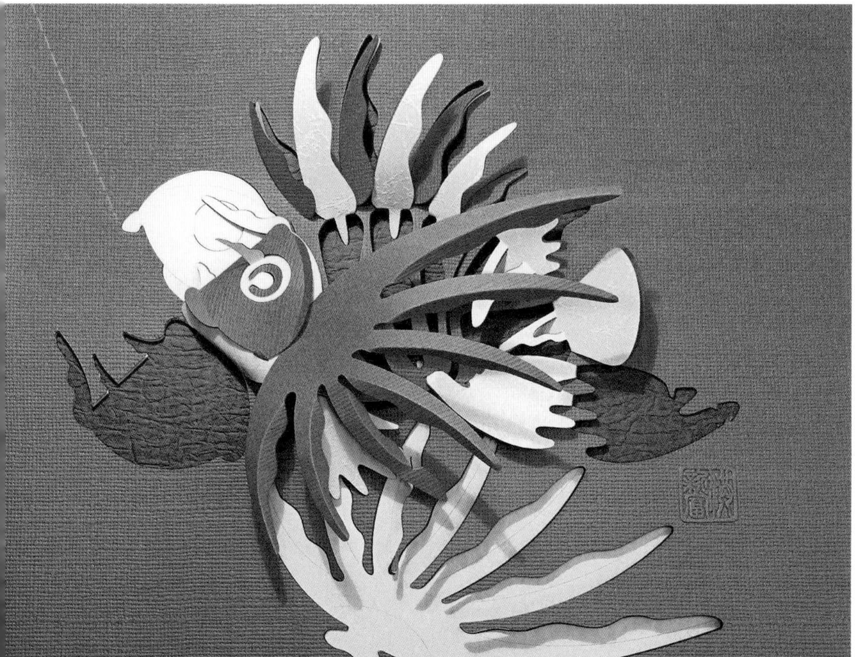

獅子魚

多施點胭脂
　　多加一條彩帶
只想趕上
　　　豪門的宴會
不停地參與
　　不斷地置裝
只為隱藏
　　真實的　本我
在歌舞昇平中
　　　——精準出擊

借紙昆蟲系列

阿富自小就是「昆蟲殺手」
只要能動能飛的
都難逃被「玩死」的命運
為了「物盡其用」
阿富還跟開印刷廠的叔叔
要了許多印刷不良品
做成完整的標本「開賣」

那時他的夢幻逸品是「獨角仙」
（他所在的鄉下
沒有獨角仙的生態環境）
因為他怎麼樣也捉不到！

長大後
朋友送了他一隻獨角仙的標本
說是要激發他創作
屍體卻臭得要命！

捏著鼻子　盯著屍體
他發現
獨角仙與桌面相連的部分
不正是可以與紙相連
與地相接的地方嗎？

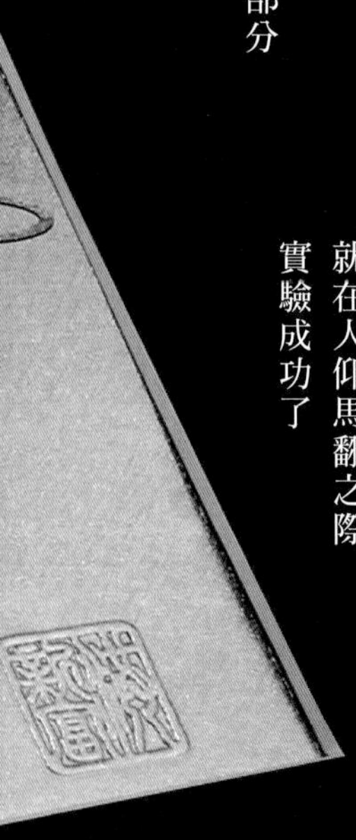

於是就這樣成了
大地有情系列的另一靈感來源

談起獨角仙
還有這麼一段故事……

「年輕人，錢不是這樣亂花的！」

當時的阿富選擇了獨角仙
當作第一件試驗量產的作品
刀模廠老闆看到設計圖後
丟出了這句話
希望勸退他
因為這樣的設計
可能會燒掉當時阿富所有的積蓄
還有可能會因為技術問題而無法成功

但有些事總得有個開頭
別人不做，那就由阿富來做吧！
於是終於說服了
台北市最好的師傅、工廠與設備
就在人仰馬翻之際
實驗成功了

成功了
卻不賣了
他說「獨角仙作品的開發過程
背後的故事超越錢的價值，
賣了，就不美了！」

第一件量產的作品
沒有販售
卻在日後
成為阿富與人結緣的最佳禮物
獨角仙也不再只是件作品
而是與人交心的通行證

穩健的獨角仙
是本土的昆蟲
也象徵著努力踏實的台灣人
而展翅欲飛的姿態
正標幟著
當時在國際間即將起飛的台灣

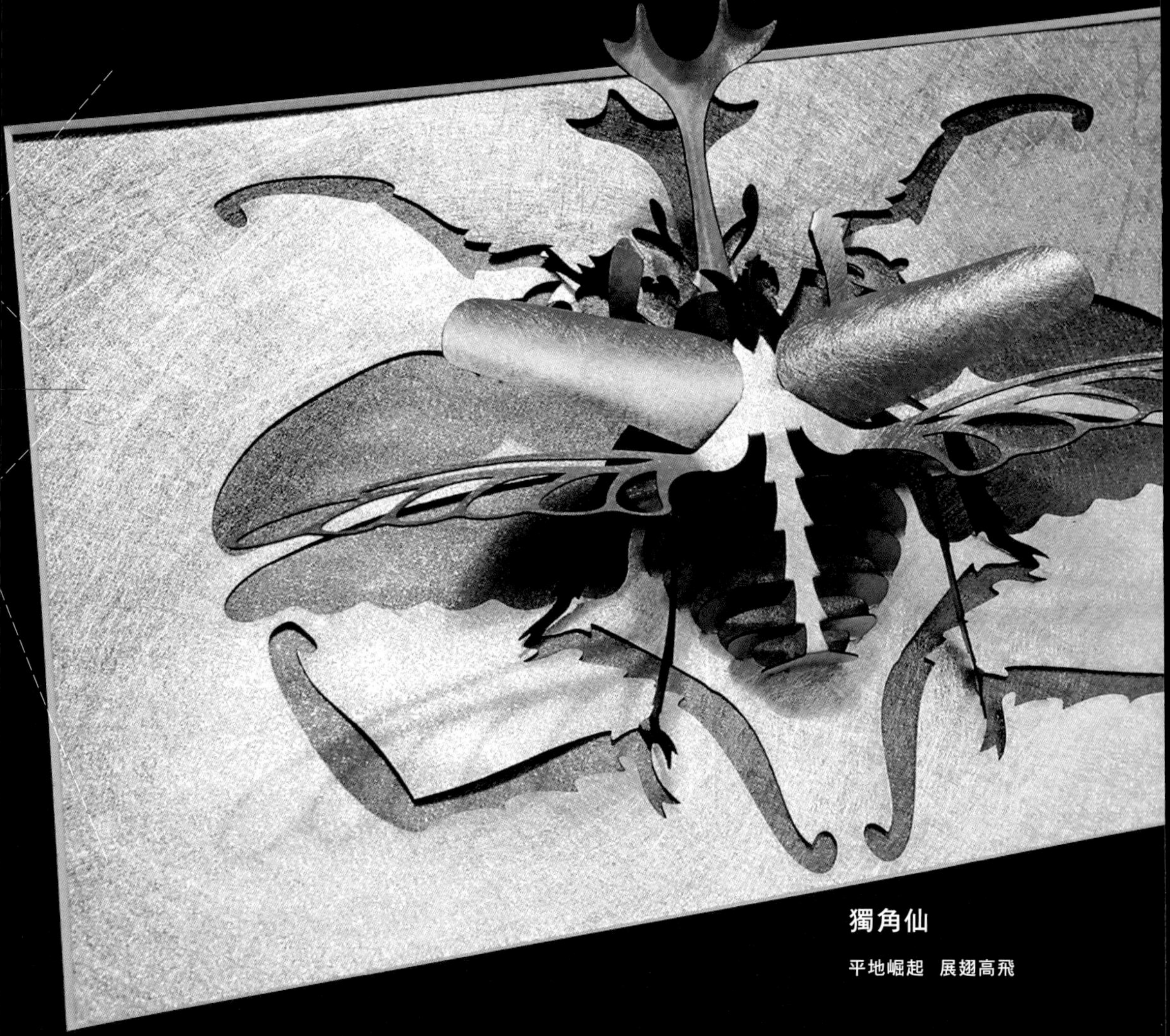

獨角仙

平地崛起　展翅高飛

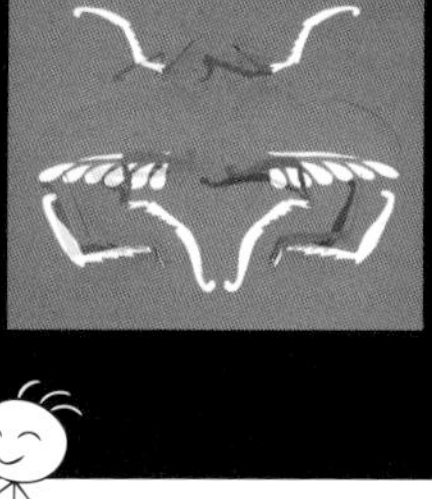

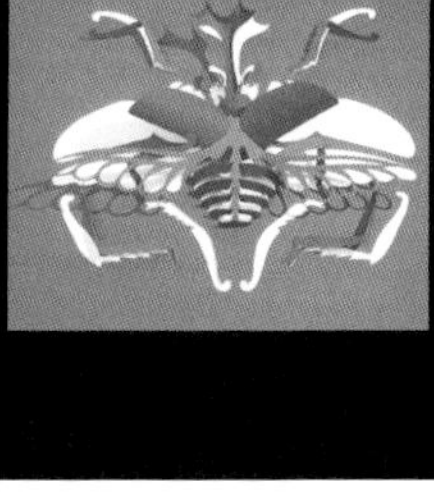

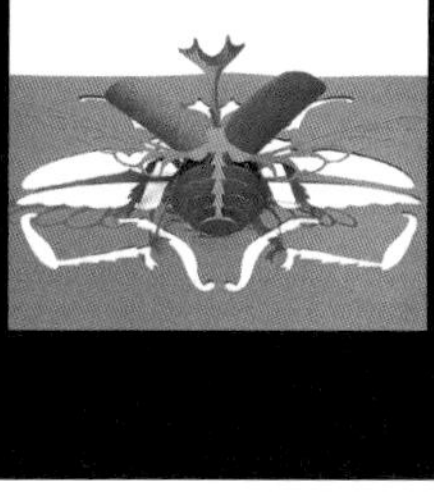

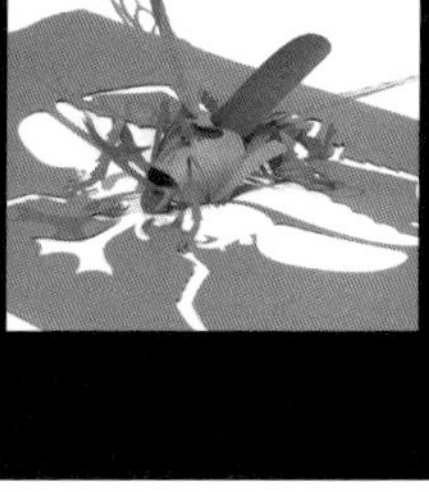

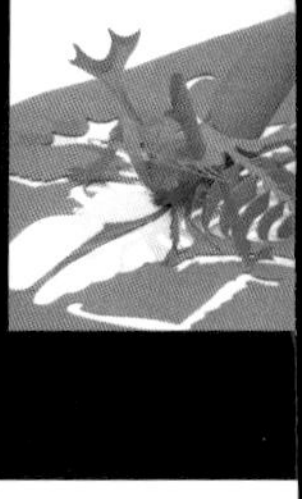

臺灣長臂金龜

其實　我也不想
　　突出的表現
竟成
　　沉重的負擔
這不是　最初的承諾
盡情地揮灑
　　　　無拘的笑

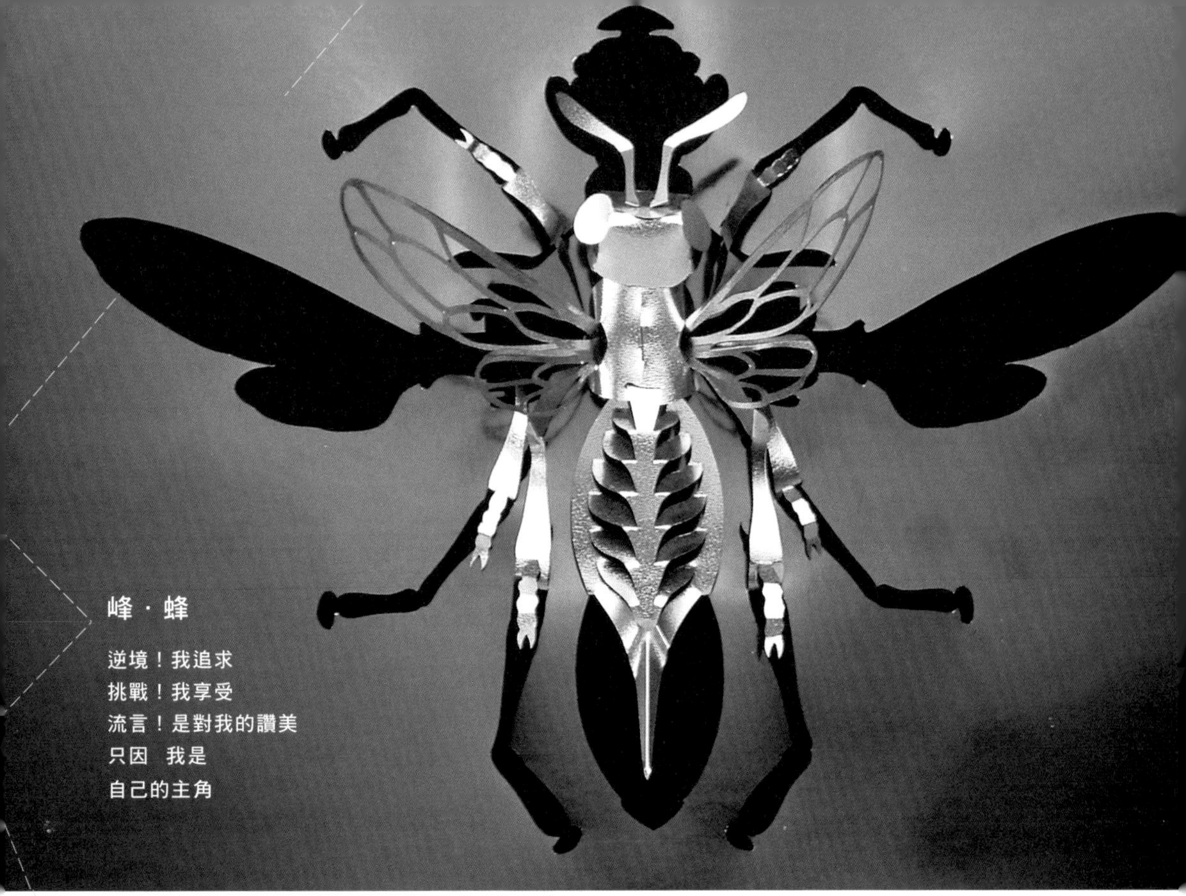

峰·蜂

逆境！我追求
挑戰！我享受
流言！是對我的讚美
只因　我是
自己的主角

過客 — 臺灣鹿角金龜

山　不是我的　樹　不是我的
你我一樣　都只是　過客
水　悠悠地流　風　林間吹過
除了這些　我還在　追求什麼？
日子　隨花瓣　掉落
明年　還是會有
只要　人為開發　遠離山頭

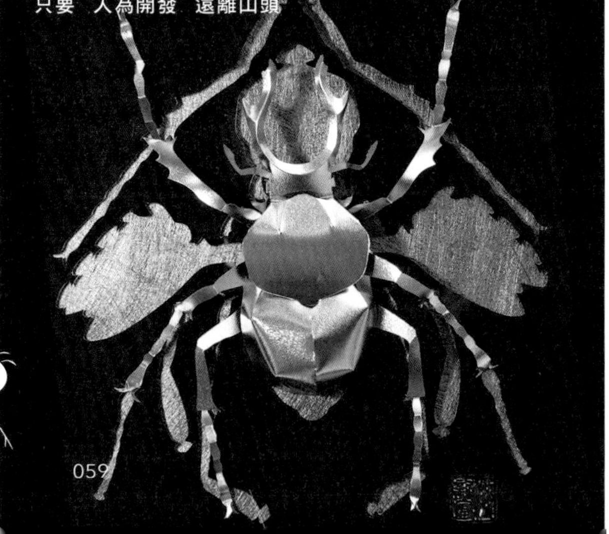

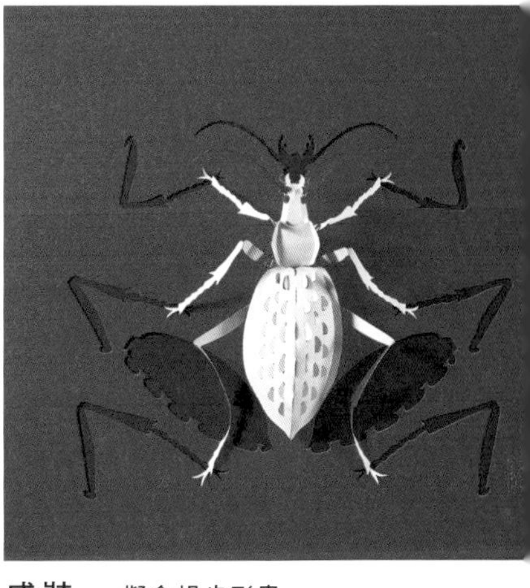

盛裝 — 擬食蝸步形蟲

夜裡的山　寂靜沉睡
山中的夜　歌舞昇平　華燈初上
紫色背心　金色腰帶
還有——馱滿溪床上的寶藏
匆匆又匆匆　急忙尋覓
你的蹤跡　在星空的見證下
期待　獨特的相遇

這是阿富獨鬥的異圖前後套借作品。

聾瞎 — 龍蝦

存在
如果是一種　負擔
那麼　就用形式
代替
思考

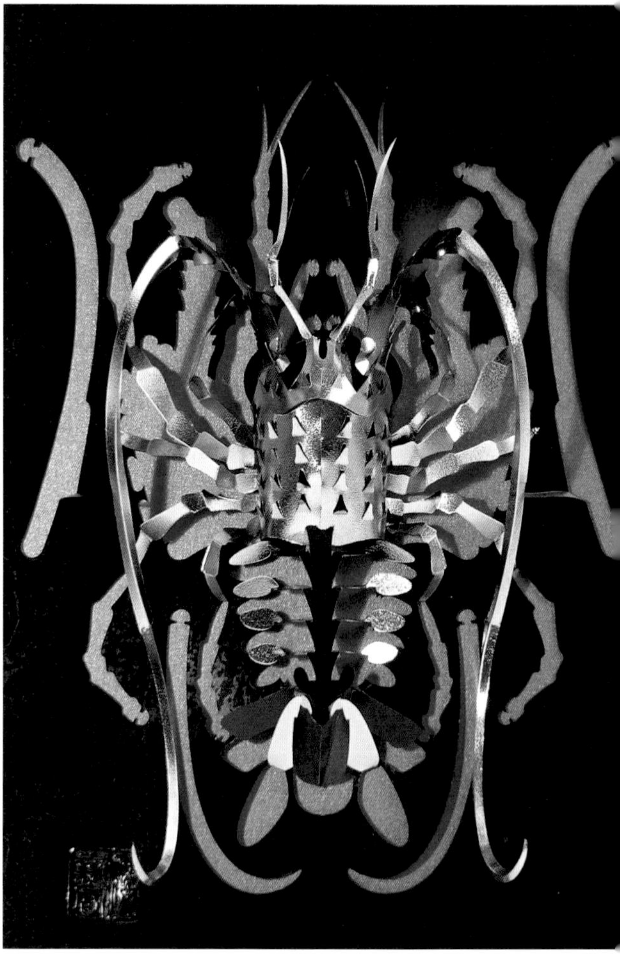

借紙作品系列

聾瞎（龍蝦）

「許多人，總堅守著原有的生活方式
初一、十五吃素
初二、十六拜拜
日出而作，日落而息
不管世界怎麼變
生活方式依舊不會改變
只要習慣了，相信了
便無需再思考，照著拿香跟拜即可。」

阿富的母親過著這樣「單純而幸福的日子」
無憂也無意與時俱進
在一次激烈的溝通後
阿富發現
這世界上沒有絕對的「對」與「錯」
一切都只是「**選擇**」的結果

事發後
他有感而發做了這件作品

他認為
拒絕改變、拒絕溝通
就好比是「聾」、「瞎」

其實沒有批判
沒有好壞
也不特指以前或是現在
只是純粹表達一種處之泰然的生活型態
紀錄一種遵守自己原來生活模式的人

創作著「龍蝦」（聾瞎）
他提醒著自己
尊重每一個人對於生活形式的選擇
僅此而已

昇平
一願　為天下
二願　為家國
三願　為……
一滴汗換一粒米
努力有成慶太平

昇平

由前、後、左、右
四面切割，翻借構成
四足穩立的龍
挖下處為陰，是為海
拉起立體昇陽成龍
故意寓「四海昇平」

其造形追求簡約
意象不加綴飾

有北魏之風
利用材質的張力及彈力
輕輕的風一吹
即頻頻點頭，彷似應允人間
「美夢成真」

下一步 — 刺盾角龍

該　向左？向右？還是……
芬芳的氣味　被風　吹跑了
美好的記憶　在猶豫中　沒了
該　向左？向右？還是……
　　唉！……
　　　　都已經不重要了

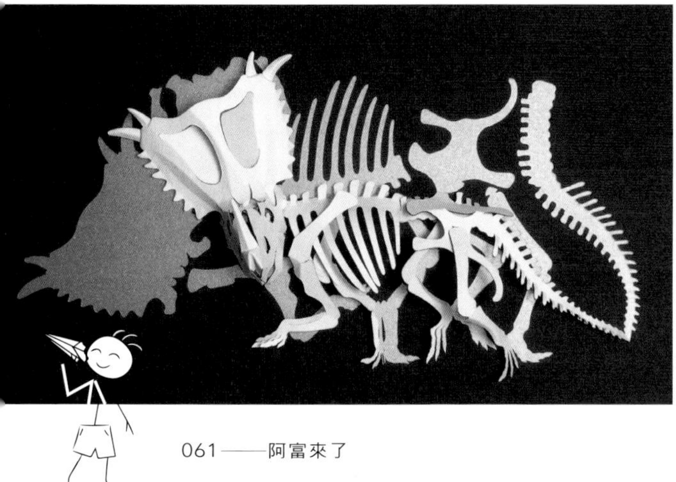

**“這世界上沒有
絕對的「對」與「錯」
一切都只是「選擇」的結果”**

幸運鼠 Lucky Mouse

創意×分享＝幸運

「阿富啊！
我老婆又煮太多了，沒有你，我們吃不完……」

朋友常幫沒錢吃飯的阿富解決填飽肚子的問題
但是棘手的事情也跟著來了
看著朋友的孩子漸漸長大
從會叫「叔叔」到「恭喜發財」
接下來就是——「紅包拿來」

為了躲紅包
他想起了小時候玩荷葉水珠的經驗
阿富用平板和彈珠提供了動能
加上紙雕老鼠的造型，滑不溜丟
成功地轉移了小朋友的眼光

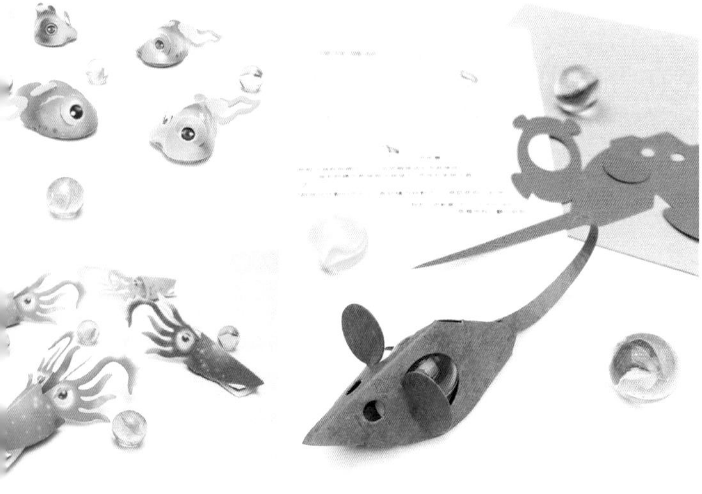

當年幸運鼠就是為這女孩創造的，那時她還只是個小小孩。2016年攝於羅浮宮阿富紙藝個展。

彈珠老鼠不再只是彈珠老鼠，成了宇宙無敵幸運鼠，化身成各種角色，散播幸運與快樂。

引起了朋友們的追討
「再給你三十隻？五十隻？
到底需要多少隻？」
「這是機會趕快申請專利，量產來賣」
在網路不發達的年代
靠著朋友的口碑分享
三年內
阿富賣超過十萬隻彈珠老鼠
重點不是賣了多少錢
而是賺了十萬個朋友
從此阿富不管走到哪
只要在對方桌上看到彈珠鼠
就一定是朋友的朋友
機會之門因此大開
而「彈珠老鼠」不但變成「錢鼠」
更是一隻值得分享的「幸運鼠」

彈珠鼠搖身一變，成了阿富走到哪裡都能如魚得水的幸運通行證。

逆中求勝 創造提燈王國

從小阿富就有「書店夢」
他喜歡「躲」在書店的角落看書
如果開了書店就可以正大光明讀個夠
為了義氣跟朋友合開了「大風吹」書店
但是他們一點也不幸運
僅維持二個半月
即宣告夭折

既然合夥開書店失敗
那就聯手經營出版社吧！
似乎沒什麼邏輯

「扶風」是在風雨出遊中確定成立的。

卻一直是阿富的另一個夢
於是在一九九四年八月
在朋友家的地下室
成立了「**扶風文化**」
當業界還在手工排版時
扶風已經完全數位化了
一切都走在時代的最前端
就這樣為了理想

連老闆都要去外面拼命打工
好發薪水給員工的公司
不久
便因為各種無厘頭的嘗試而把錢燒完
導致暫停營業的局面
解散重練

I'll be back.
阿富埋下伏筆，在不久的未來

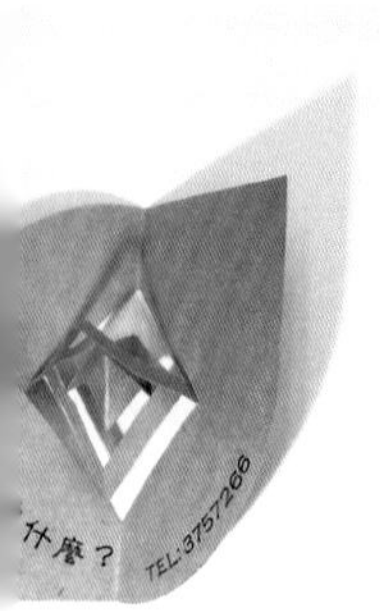

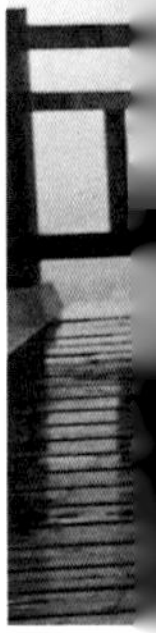

因為關心　創造產業

改變，是因為「在乎」

一九九一年
他看見臺灣燈會發送大量塑膠燈籠
覺得不環保
而且完全失去元宵味
他喜歡自己動手做燈籠
於是想到了
用DIY的紙雕燈籠取代塑膠提燈

兩年後　機會來了
觀光局開放元宵燈會周邊紀念品的徵稿
早已做好準備的他
花一個禮拜的時間
設計出兩件紙雕燈籠作品參賽
結果，包辦了前兩名
往後
每年阿富送出幾件作品
就包下前幾名
從此臺灣燈會的周邊紀念品
開始指定為「紙雕燈籠」

阿富設計的第一件紙雕狗狗燈籠，總共只有三個扣組步驟，DIY輕鬆易上手，提起成品燈籠還會搖頭晃腦。他認為簡單的設計，讓別人使用方便，也給自己被市場接受的機會。

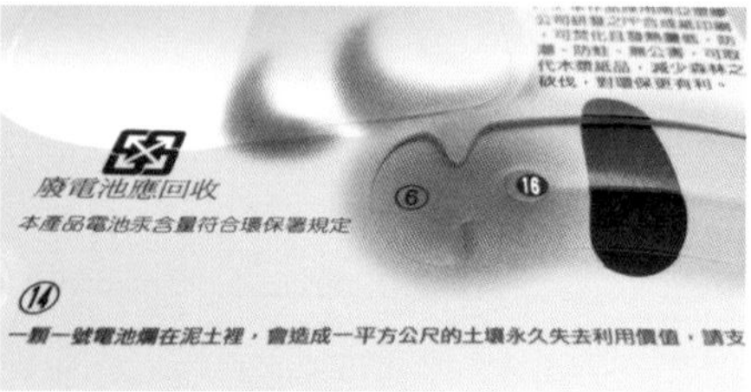

雖是一小排字的警語，卻是很深厚的責任。

“改變，是因為看見了不一樣”

紙雕燈籠
除成功取代塑膠燈籠
逆轉的關鍵
在於不用膠水黏貼
符合環保概念又能降低失敗率
而後
他引進LED光源作為燈具
大大的改善了紙雕提燈的侷限

「一顆一號電池，
會使一平方公尺的土地失去永久利用的價值。」
聽到廣播丟出的震撼彈
嚇壞了阿富
想要逃離這個產業卻被老婆勸住：
「解鈴還需繫鈴人，自己造的孽，要想辦法善後。」
於是他一頭又栽進了燈具的改良研究
先是印上警語
再是遊說各個主辦單位
鼓吹民眾用廢電池來換紙雕提燈
為了垃圾減量，增加燈彩效果
阿富大膽地投入LED燈具的改良
應用在提燈上獲得極大的迴響
配合市場需求不斷試做、改進、測試……量產
所用的鈕扣電池

臺北保安宮羊年燈籠組裝趣味競賽。

合約書

立合約書人 扶風文化事業有限公司 委請 財團法人新竹市私立愛恆啟能中心 加工組裝用電池燈具，經雙方同意訂立合約書。

立合約書方 扶風文化事業有限公司

受委託：財團法人 新竹市私立愛恆啟能中心

日期：2016/8/26

「品質、服務、創新、環保、關懷是扶風堅持的原則」

扶風的LED燈具是由臺灣的庇護工廠合作生產的。

從廉價的水銀電池到高成本的無汞電池
都在阿富的堅持下
成為政府採購的標準
為了讓愛分享，阿富說服了配合的燈具廠
將生產線移回臺灣
請庇護工廠代工，照顧真正需要的人

品質、服務、創新、環保、關懷
是他所堅持的原則

他希望
每個接觸到扶風作品的人
都能夠因為扶風的用心
而有「**被愛**」的感覺

你所不知道的燈具演進史

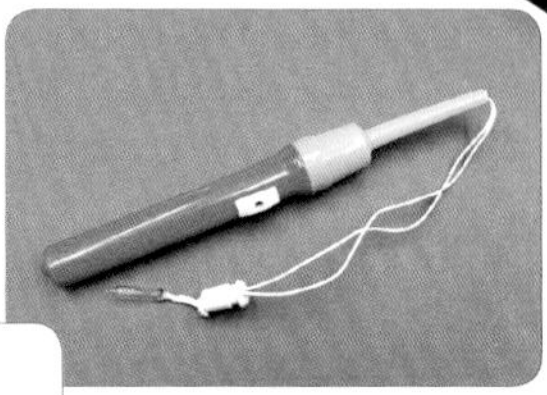

提把

第一代　改良自手電筒，使紙雕得以應用到提燈的開始。缺點：燈泡為焊接，故障率極高且需使用兩顆三號電池。（已被塔燈取代）

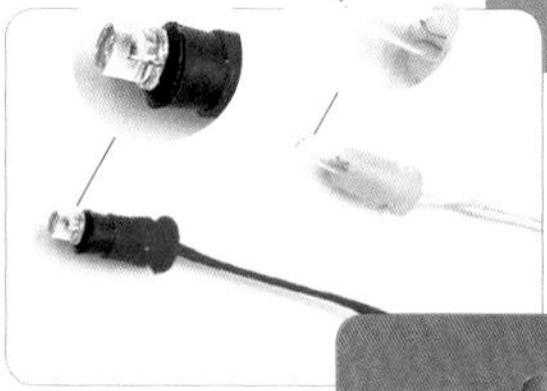

第二代　改用 LED 燈頭更省電、燈光效果更好。缺點：需使用兩顆三號電池。目前應用於需國際運輸之燈具。

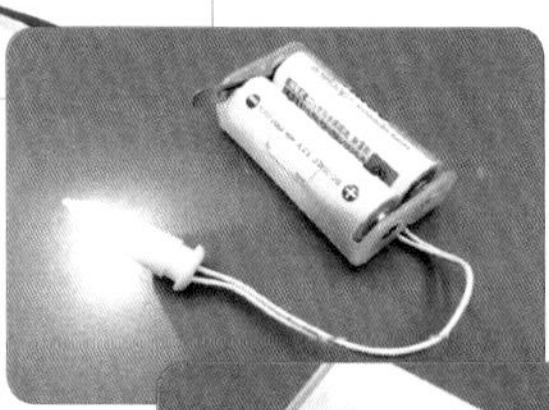

燈盒

第一代　為頭戴式燈籠最初的使用燈具，需以雙面膠黏貼固定。缺點：燈泡為焊接，故障率極高且需使用兩顆三號電池、體積大且重量重。（已被塔燈取代）

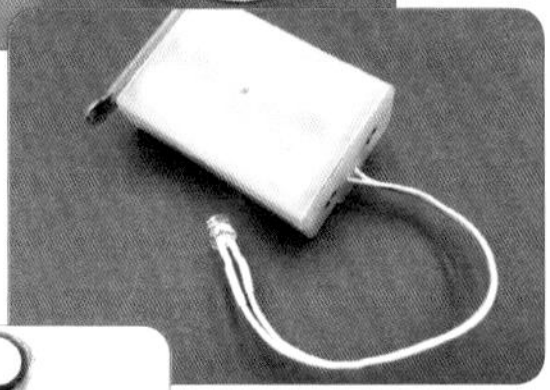

第二代　改用 LED 燈頭更省電、燈光效果更好。缺點：需使用兩顆三號電池、體積大且重量重。（已被塔燈取代）

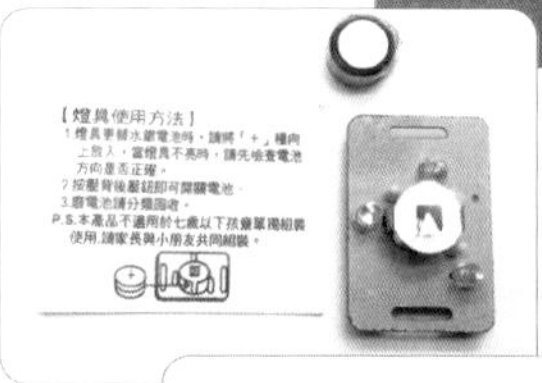

塔燈

第一代　電路板改造，焊有三色 LED 燈。缺點：故障率高，組裝不易（已被塔燈取代）

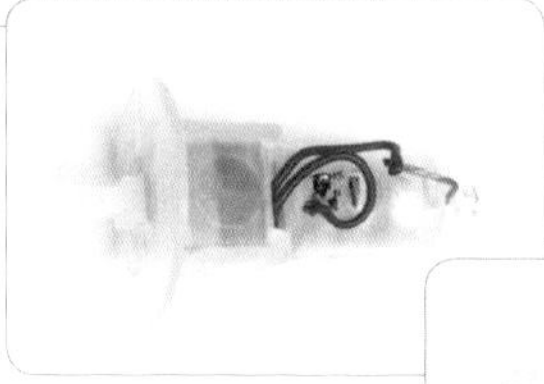

第二代　已改為塔狀式，引進單一七彩 LED 燈頭。缺點：電線外露，觀瞻不佳，燈頭為圓形，散光效果不佳。開關為按壓式，運送中易啓動耗電。

第三代　燈頭改為平頭，散光效果更好。開關改為推拉式，已接近理想。所用鈕扣電池已改用外銷歐規之無汞（水銀）電池更環保。

第四代　因應安全，將塔頭改變組合方式，使燈具更為結實。經多年的溝通成功說服廠商將生產線移回臺灣，由庇護工廠代為主裝。

第五代　縮短開關的長度，並延伸底盤的高度，讓燈具如塔燈般的站立，創造出更多的使用空間。

紙雕提燈原創表

1993 參加觀光局「臺灣燈會」紀念品徵件比稿，提出紙雕狗年提燈獲首獎。

1994 臺灣第一盞紙雕提燈正式生產問市。

1997 引進 pp 環保合成紙做紙雕提燈。

2004 猴子燈籠，創新點：可穿戴於手背上，與手提交互使用。

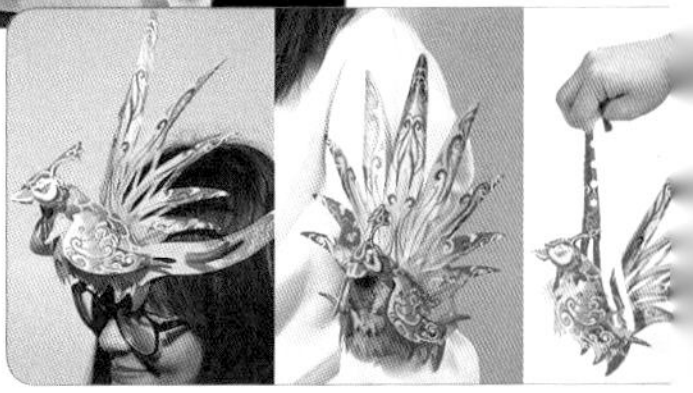

2005 百變鳳凰燈籠，創新點：可手提，可掛於手背，可戴於頭上。

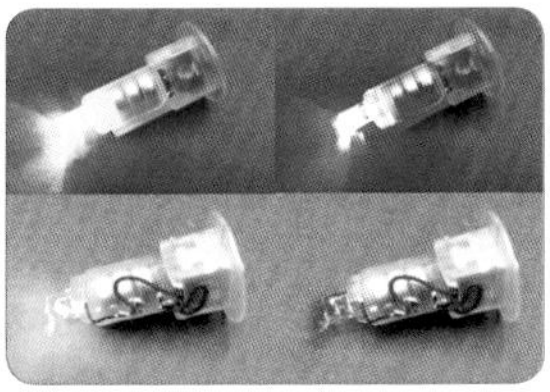

2005 七彩燈籠，LED 燈加入紙雕燈籠，七彩燈光搭配炫麗的燈籠造型，成了每年眾所矚目的燈籠產品。

2010 首創雙提線式虎年提燈，將懸絲偶的概念融入提燈，開啓了國內互動式的紙雕提燈模式。

2015 推出利用物理力能自走的「吉羊運財」提燈。

2016 創造雙提把能親子共提，且能翻滾互動的猴年提燈，造成轟動議題。

2017 將存錢筒與紙雕提燈結合，創作出可玩、又實用的「桃樂雞提燈」

以量產創造價值

從「利其器」出發

阿富是紙藝界的罪人
他把紙雕變成可以量產分享的作品

而量產中，刀模正是重要的關鍵
如果沒有好的刀模
就不會有好的紙雕產品

但是　在說起刀模這件事之前
「教學」與「分享」才是阿富量產的初衷

回想過去為了教學
自己設計東西還真不少
最一開始，要讓大家能夠自己DIY
他把設計圖印在漂亮的美術紙上面
自己割、自己摺
當時的印刷只是門檻極低的生產技術

阿富曾經一天割壞三把筆刀
而一把筆刀就要一百四十元
（對他而言傷大了）

為了要有一把耐用又適合自己的筆刀
他乾脆量身訂做專用的筆刀
工廠的最低生產量是五千把

阿富只為了一把好用的刀
居然頭給他剃了下去……

至於其他的刀呢……？
嘿嘿！早就賣光了

他想要做出人人皆可DIY的紙雕產品
但筆刀　卻不是人人都肯握的

因此，在放下筆刀之後
開始展開長達幾十年的玩「模」歷程

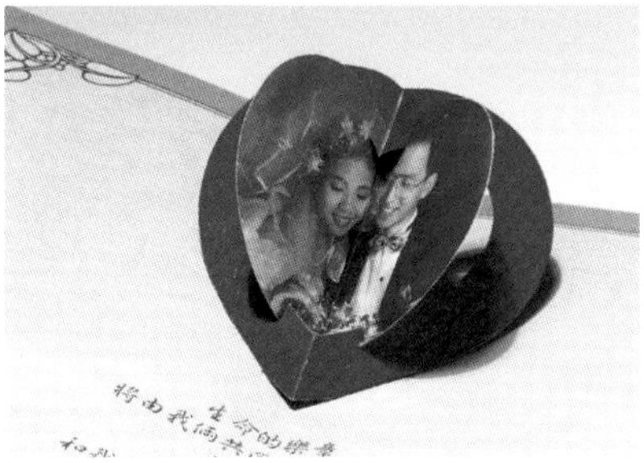

1989年，阿富做的第一副刀模，是為自己三姐所做的喜帖，當時台灣技術尚未成熟，複雜設計使得幾百張的喜帖，在刀模軋過後，還需要自己一張一張補刀。

❝良好的溝通
才能創造多贏的局面❞

刀模廠的怪客

「現在沒時間啦！你不要來亂！」

為了測試各種刀模的極限
死纏不放的阿富
成了各大工廠下令禁入的頭號人物
但不死心的阿富
從買檳榔跟工廠師傅搏感情
到將生產出來的作品回送給工廠
一方面分享，一方面不忘檢討改進策略
堅持用**溝通創造多贏**的局面

他認為
將作品回饋給參與者有幾項好處
一、**忠於分享的初衷**
二、**作品是大家生產出來的，**
提升參與的成就感
三、**開啟再進步的可能**
當師傅們開始對作品有認同感
才有提升技術的意願

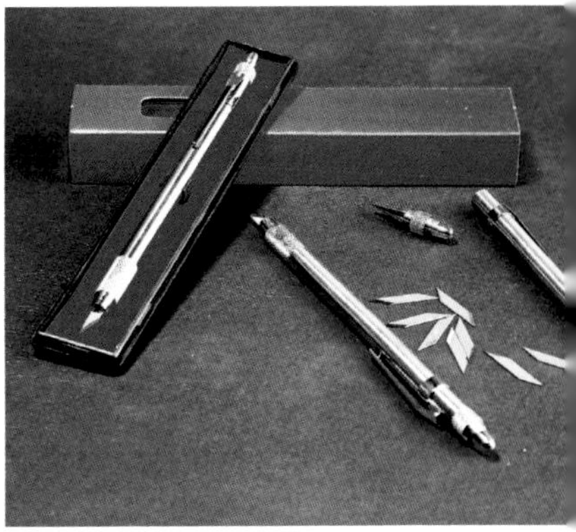

這把阿富設計、訂做的筆刀，是一把附有替換刀片、鐵筆、壓凸筆……的多功能筆刀。

也因此
靠著溝通分享的態度
刀模廠老闆漸漸接受了他
工廠成了自己的實驗場
他肆無忌憚地栽進去，瘋狂地做測試
雖然不知道市場在哪裡
試生產卻是一定要的
認為只有掌握更好的技術
才能讓創作自由
透過量產作品，成為創作的延伸
好的設計，加上高超的生產技術
才能量產好的作品

❝因地制宜，善用資源，
才是王道！❞

而紙藝品的好壞 第一道關鍵，就是「刀模」
開刀模有三個極限：

一、**「夾角不能太小」**
夾角太銳的設計，在生產時會將刀模撐開，而軋不出圖

二、**「刀距有一定極限」**
紙張的厚薄加上刀的厚度有一定的極限，隨著加工的模式而有所變動

三、**「生產數量決定加工方式」**
開模量產有一定成本，起印量建議至少以千為起跳單位

產品屬性決定刀模開法

生產的技術永遠會跟著科技、設備前進
如何在這之間找到最合理的生產模式
什麼產品使用什麼加工技術是有技巧的
為了要摸透這些技術
總在新技術出來時
設計新的產品去嘗試

木模刀

為早期最常用的技術
因較便宜而普遍，但細緻度較低
早期的技術雖然限制較多
阿富為了突破極限

掌握技術
=
創作自由

量產作品
=
創作延伸

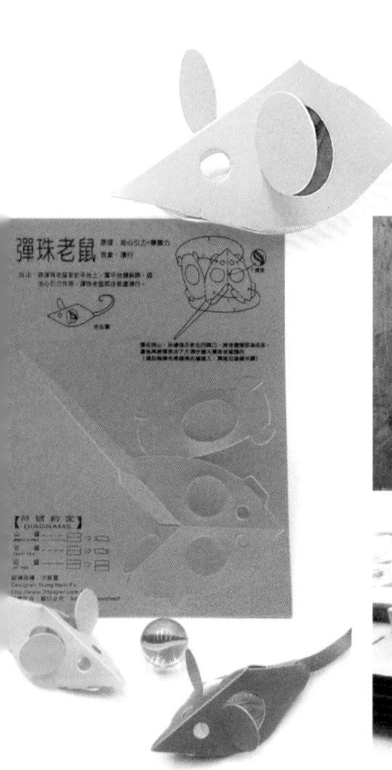

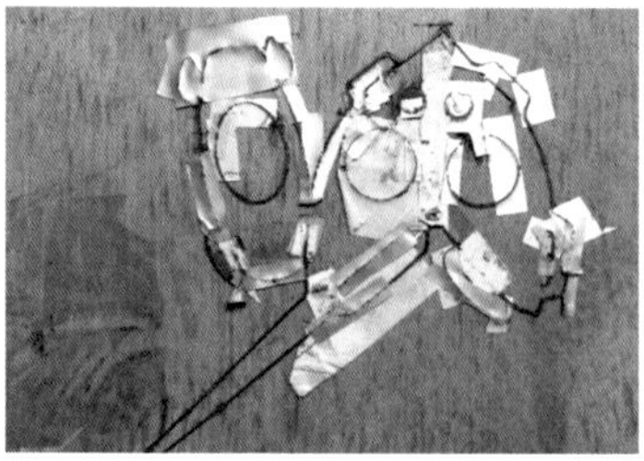

刀模背後，貼上補釘，用來調整刀刃的高低，使軋型的作品能夠更平順，易於剝離底紙。

在木模刀的領域中
實驗出兩件至關重要的作品

作品一：獨角仙

獨角仙是阿富實驗量產的第一件作品
這項關鍵，使他成為全世界
將紙雕作品變成產品的第一人
在木模刀上的細膩度也獲得提升

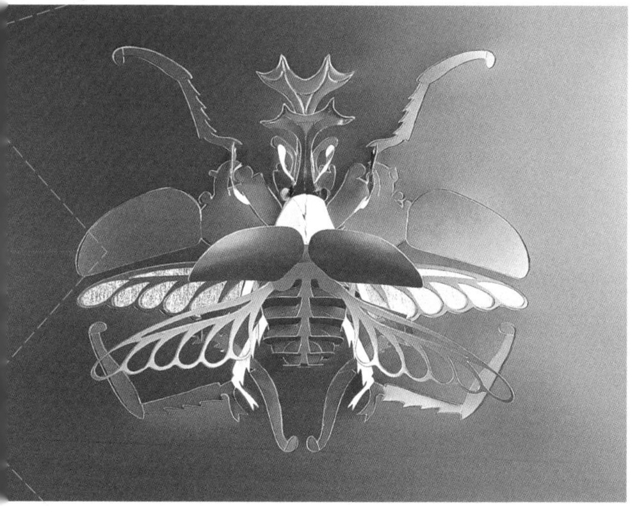

為了做獨角仙的刀模，刀模廠老闆兩次勸阿富放棄，最後卻被自己所做的刀模感動。

作品二：山君

山君為頭像系列中最難量產的代表作品
大量的扣組設計
對刀模的要求幾乎是零誤差
能量產實驗成功
在一九九八年獨步全球
成了產業升級的關鍵技術

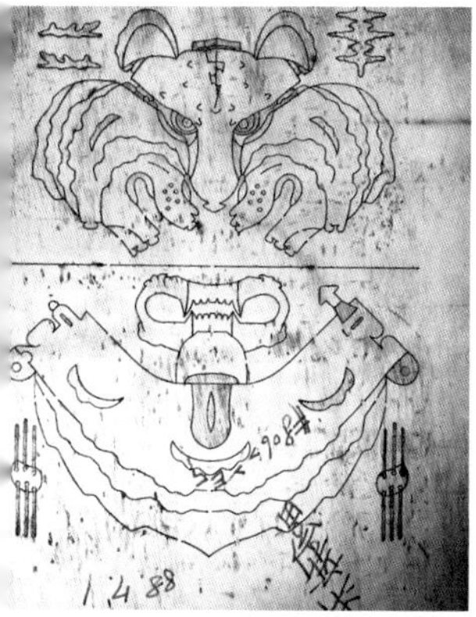

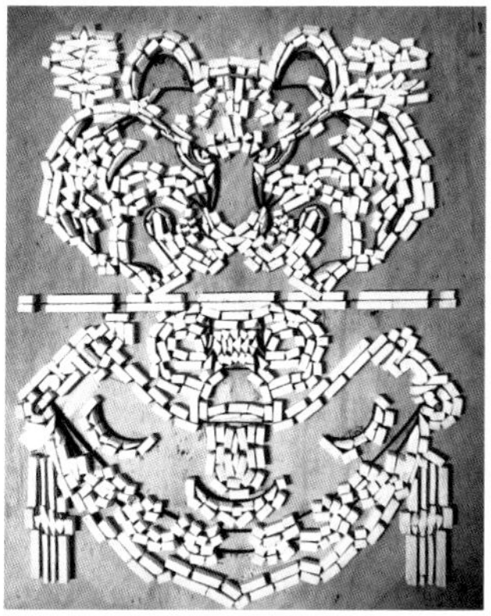

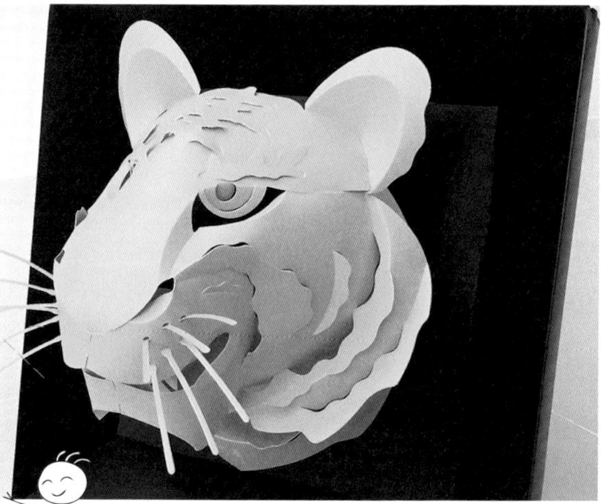

山君的刀模，突破了生產的極限，
功力不夠的師傅看了頭大。

塑膠刀一般用在精密電子產品的生產，沒想到居然被阿富用來做作品。

塑膠刀

精緻度較木模刀高
設計上的精準度提升
一般多用於模型貼紙或電子產業

代表作品：DIY月曆
與器官捐贈協會合作
採用素色浮雕的設計

蝕刻刀

先用腐蝕的方式做出刀模的輪廓
再以CNC銑出尖銳的刀鋒
過程中不容許有一絲的誤差
否則——重頭再來
能生產出極精密的作品
軋製時以滾輪的方式壓製
多用在自動化包裝的生產線上

拜電腦之賜，腐蝕後，再用CNC銑出細緻鋒利的刀刃，中間不能有任何差錯，否則NG再來。

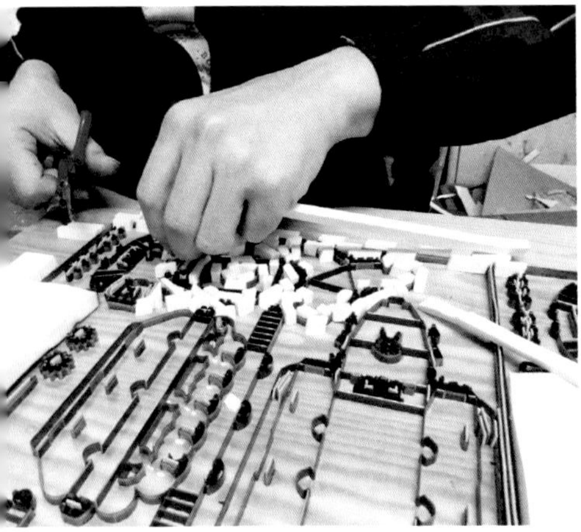

刀模廠的師傅們，為了滿足阿富的要求，個個都是在刀口上討生活！

剛做好的刀模本身
就是藝術品。

雷射切割：蝴蝶

雷射切割是現代學設計的孩子
加工作品時的選項
二十幾年前阿富已經開始用雷射切割做作品
但成本太高無法普及
進入二十一世紀
雷射應用的普及改變了眾多的製程模式
許多以往無法達到的精緻作品
現在只要數位化
就可以用雷射切割來完成
這項科技讓許多產傳統技藝漸漸走入歷史

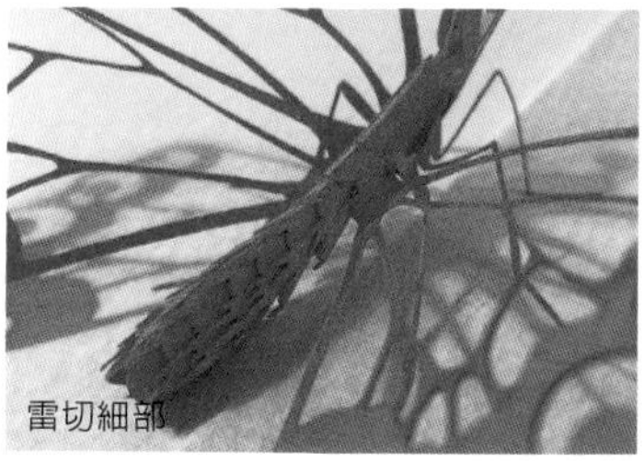

雷切細部

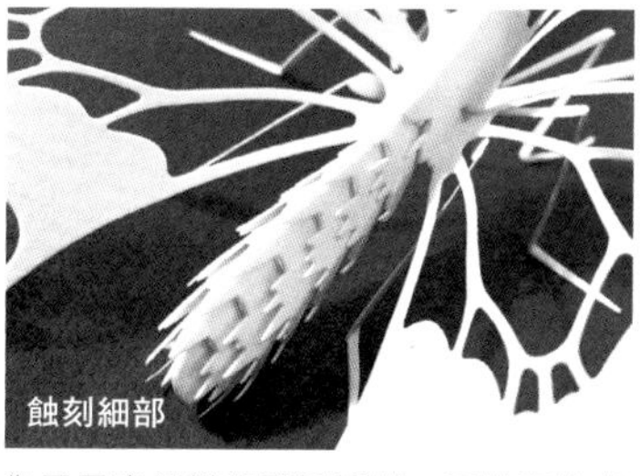

蝕刻細部

為了量產細緻的寬尾鳳蝶，刀模廠的老闆跟阿富研究了十幾年，結果卻被雷射切割打敗了，為了更細膩的視覺觸感，他們用蝕刻刀扳回一城。

雷射切割用在紙藝是一種趨勢，但也有其優缺
優點：精緻細膩且可少量生產
缺點：焦邊、成本高
實驗了多年
創造出許多紙藝量產的奇蹟
不論技術多好或改良多少
每種加工的方式都有適用的範圍
端看生產數量、效果要求、預算及
時效來決定何種加工方式
針對不同程度的創作與量產
終於有了更多的選擇

「經得起考驗的作品才有量產的價值。」
是阿富常說的口頭禪

嫌貨才是買貨人

「軍武系列」
是扶風成立二十幾年來最大的考驗之一
從規劃設計、溝通改良、
刀模製作、印刷加工、
軋製成型，關關難過關關過
師父們嘴裡的不可能
都一一被實現了
這系列的「作品」驚豔了全世界

紙雕軍武達人

多年前的某一天
陸軍總部，突然找上門來
開口就要用紙雕設計出　模型級的坦克車

就這樣開啟了與軍方的合作
從——坦克車、大砲、阿帕契、
悍馬車到雲豹裝甲車
每年，扶風都成功設計生產出一款
令人非收藏不可的軍武系列作品
這過程也留下不少有趣的挑戰

長官看著樣品直接對阿富丟出這句話
「難道你希望我們的國軍是
這個「萌」樣嗎？」
完了！完了！
一開始設計出來的坦克，太可愛了

原來長官想要的是：塑膠模型
但是成本太高了，只好找扶風來挑戰

經過了一整年的腦力激盪
不斷地修改調整
才設計出大家都滿意的坦克
真正的考驗這才開始

「別玩了！別再玩了！」
為了這項創舉
設備差點被玩掛的軋型廠老闆
對著他大吐苦水

極致複雜的設計
再次挑起刀模廠全員備戰的神經

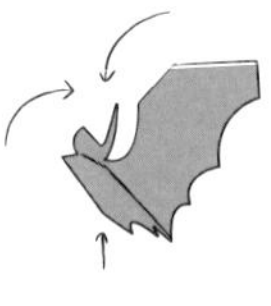

軍武系列一——戰車
扶風設計生產的戰車，炮塔可調高低、左右旋轉、履帶可動，每個細節都是專家指導要求，千錘百煉而成！

“經得起考驗的作品才有量產的價值。”

印刷後還加上了一道消光印刷
讓成品的質感符合真正的軍武
生產過程中充滿了未知
戰戰兢兢、如履薄冰、
在不斷抱怨中進行
夥伴們在阿富的連哄帶騙下
信心喊話……「量產」終於成功！
「坦克」在陸軍總部，一炮而紅
連美軍顧問團都說：
「糟了，臺灣開始武器自製了！」
自此開啟與軍方的密切合作

軍武系列二——大砲
為求擬真，軍中的長官拖出大砲讓扶風團隊實際測量，並說明各項機關及功能，為的是能做出更貼切的設計。此件作品砲塔可調高低、左右旋轉，砲管具有回彈的效果，其中光是要做出輪子的動態及效果，前後就花了三個多月才過關。

軍武系列三——阿帕契
細膩度極高的作品，從機艙內的儀表板到外部的飛彈、機槍和雷達，面面俱到，功能齊全。另外，還設計了阿帕契的專屬底座，可調角度製造不同角度飛翔的感覺，是此次設計上的亮點。

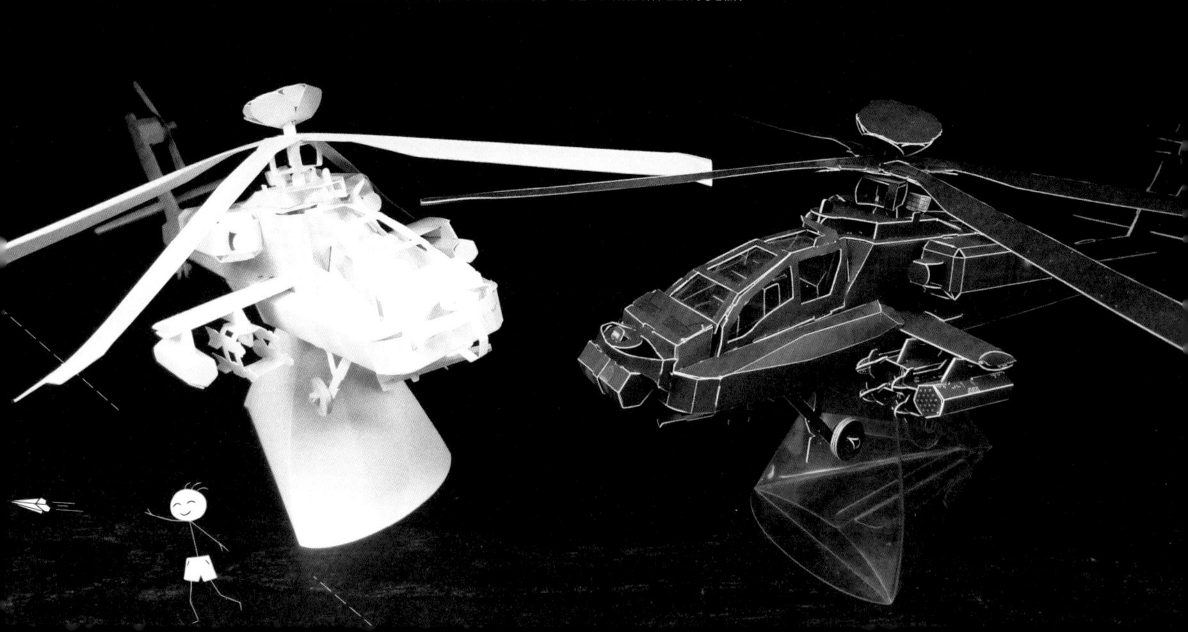

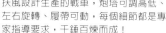

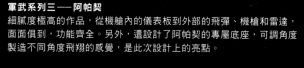

“沒有挑剔的客戶
就沒有傑出的作品”

陸軍總部為何找上扶風設計軍武作品呢？
原來，近幾年
軍中開始推行「募兵制」
在這樣的政策下
宣傳成了重頭戲
因此有效的文宣
自然成了長官們的「**業績**」

與其大量印刷，廣發文宣
不如精準有效的投遞
吸引目光，以逸待勞，才是效率

果然，數字會說話
合作第一年
就締造達成率一二〇%的佳績

為了要獲得軍武系列文宣品
群眾主動蒐集分享「情資」
「軍武系列」成了
「**有效文宣**」的最佳案例

扶風為了開發「軍武系列」
每件作品都要花上一年以上時間
並且成立專案設計小組，配合設計

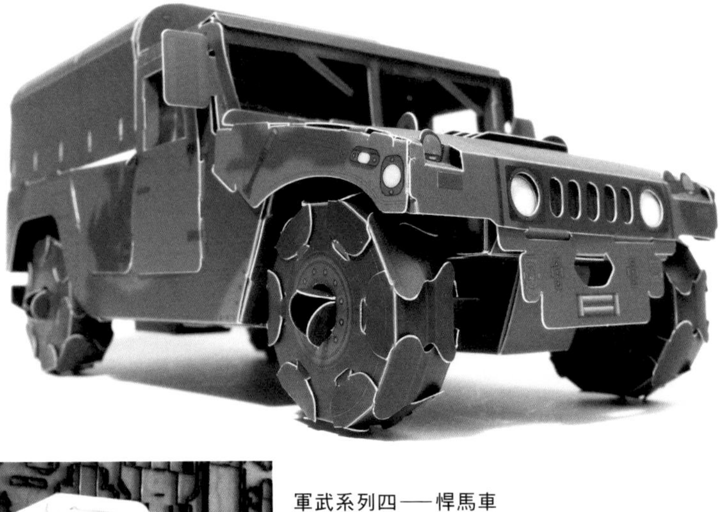

軍武系列四──悍馬車
悍馬車不僅是悍馬車而已，所有裝備配件一樣也不能少，還有保留擴充設備的結構，能夠組裝好悍馬車，才算有當兵的資格！

每件精彩的作品，都是軋型師父人機合一，搏命軋出來的。

若要講到「投報率」
這生意絕對「虧本」
賺到的是「挑戰不可能」
成就的是「品牌」

「沒有挑剔的客戶
就沒有傑出的作品」

面對挑戰
滿心期待
感謝這樣的機緣
創造更多的巔峰

軍武系列五──雲豹裝甲車
八個大輪子，水陸兩棲，要做出厚實感，還要不放過每個細節，連內艙的隔間都不放過，讓沒坐過雲豹裝甲車的人也能有所感覺。

軍武系列凸顯了國軍武器自製的目標，歡迎不怕死的來挑戰！！！

精準定位　創造品牌

❝唯有『用心』
才能產生『共鳴』❞

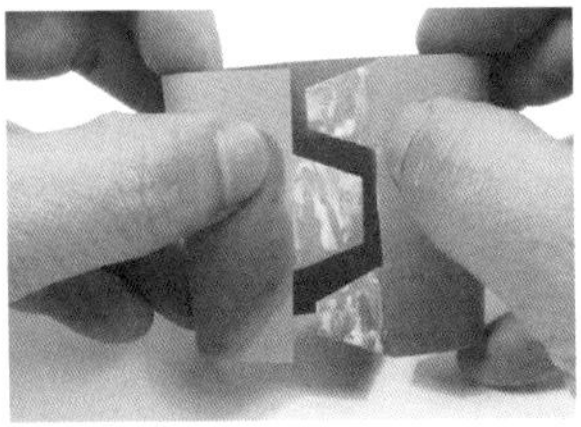
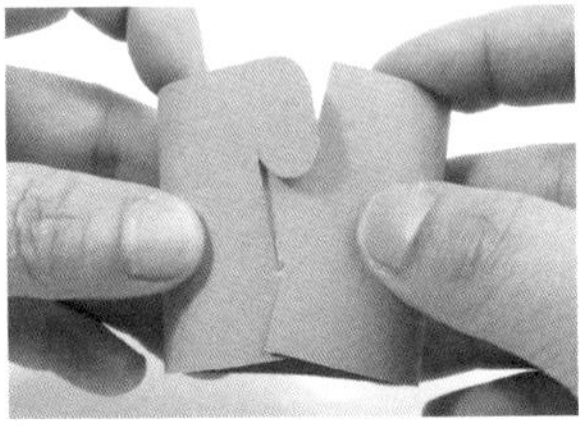

黏貼、直扣，你會選擇哪一種？

扶風——不做生意，只做服務
不求高獲利，追求「**價值**」
而活下來的原因有：

一、定位市場

孟子主張「人性本善」
荀子主張「人性本惡」
阿富主張「人性本『**懶**』」
好逸惡勞，喜歡速成
並不是他的專利
更是人人皆會默默舉手贊成的天性
看準了這一點
「**免動刀剪，無須黏貼**」
成了他開發紙藝市場的基調

二、生產技術的提升

從一開始的多功筆刀改良
木模刀具的技術挑戰
蝕刻刀具的加值應用
到雷射切割的初探與設計
只為讓作品在量產上更自由

這不是在拍英雄本色，不同的材料有不同的用途與效果。前者為PP環保合成紙。中者是PP板材。後者則是進口卡紙。

三、材料的引進與推廣

為了增加紙藝的適用範圍
阿富不斷嘗試各種可能的材料
從薄金屬、布料加硬、PP塑料
到環保合成紙的運用推廣
他不斷嘗試企圖尋找更好的材料
創造紙藝產業的新未來

四、關懷人文　永續環保

為減少電池用量
創造以無汞電池所做的七彩LED燈具
並說服配合廠將生產線移回臺灣
堅持保障庇護工廠生產
開發臺灣生態紙藝系列
積極推廣生態保育的重要與價值

PP塑膠板材的實驗作品，馬首。為解決瞬裂的問題，訂做材料，在塑膠中加入抗凍劑，改變其物性，但硬挺度相較原本的材質要低。

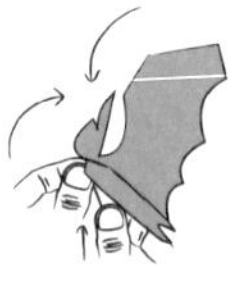

夢想的實現地，不一定只在辦公室，原來走出去才是。（保安宮舉辦吉羊頭燈的組裝競賽，參賽的選手都是小朋友。）

其實阿富成功的秘訣是
「**愛**」
他創作
他量產
他期待
群眾在組裝他的作品時
能有「**被愛**」的感覺
為此　他從
設計細節、生產技術、材料改革
堅持環保及人文關懷
堅信著
「**唯有『用心』，**
才能產生『共鳴』」
扶風從一九九四年成立以來
雖然歷經挫敗　卻不曾放棄
同行者愈來愈多
終能創造出
屬於自己
屬於臺灣
屬於時代
的傳奇

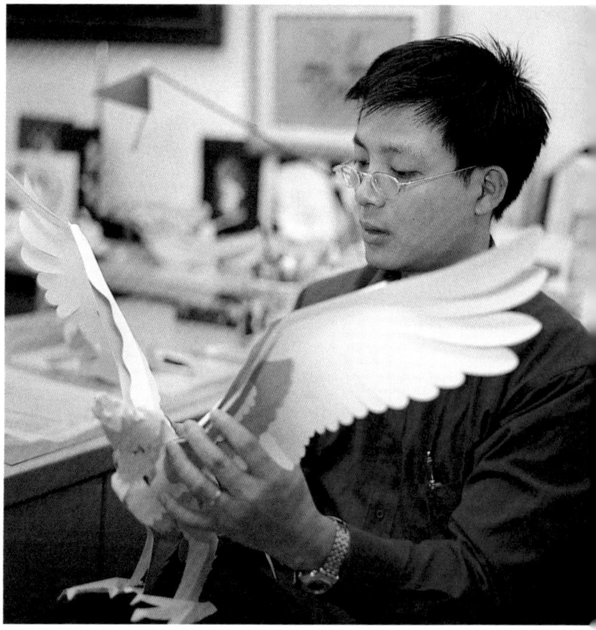

扶風有個奇怪的規定
「**要開心**」
相信心情，是會透過作品傳播的
若不小心把悲傷、憤怒……放進作品中
那將會是一場災難！
阿富努力維持快樂的工作氣氛
不論是你、是他、是……
希望所有走進扶風的人
都能找到
實現夢想的熱情與動力

牆上動物園

Strong or weak, predator or prey, as long as you are special, you have a place here. All the love, hate, emotion, hatred stop here. Life creased to be controlled by time. Existence has the purest form-no jpy, no sorrow, no life, no death, no mather......

不管是強者、弱者、獵人或獵物，只要擁有特色，在這裡便能享有一席之地，一切的愛、恨、情、仇在此不再延續、作用，生命不再受時間的限制，存在只有統一的形式，無喜、無憂、無生、無死、無需所謂……

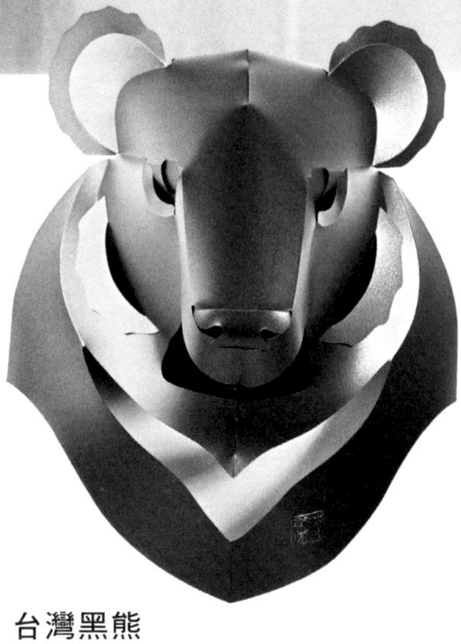

台灣黑熊

山，有多大？
廣闊的山脈　就如我　張開的臂膀
不變　是什麼？
　蜷身小眠　又一宿
誰？　又是我！
種種化身　穿梭　山野神話中

阿富從一九九二年起
經常在世界各地的博物館展出
他總被各式展品所吸引
唯有那些掛在牆上的動物頭像
令他不忍逗留觀賞
明知這些都是「乾貨」
卻有著嘴角滴血的恐懼

牠們真的很美
應該在牠們的棲息地奔跑、繁衍
為何會在這牆上聚首？
維持著統一的表情？
看不到眼神傳遞的情感——
這過程……這故事……這原因……
阿富不解殺戮為何聯結到「Power」
炫耀何時成為「Beauty」
是不是可以有更好的方式可以替代呢？

於是，阿富開始創作「動物頭像系列」
他想「**Power**」不一定要用殺生來展現
應該可以用：解決問題、展現決心與耐力來呈現
「**分享**」是不是比「**炫耀**」更「**Beauty**」呢？
因此，他導出了一個公式：
Power+Beauty=Show

巨角羊

一座山　只有一個頂
一輩子　只為一口氣
種種的經歷　成就
頂上的　驕傲
峰迴路轉的過程
篆寫出　唏噓的心

犀牛

距離　是一種美感
朦朧　保有想像
溫馴　並非無力
準備　不一定要用

臺灣牛

所有事情　我　來做
　　一切責任　我　來扛
這是　沒有選擇的選擇
　開始　成就　可能
　　　怯步　失去　　僅有
　沈默　不代表　無力
乾坤　靠實力　扭轉

阿富喜歡用一紙成型的方式來做作品，為了讓頭像系列更寫實，阿富更改策略改為外加構件，不僅更像，且更省物料。

“用藝術取代殺戮
用美感代表征服
用創作替代血腥”

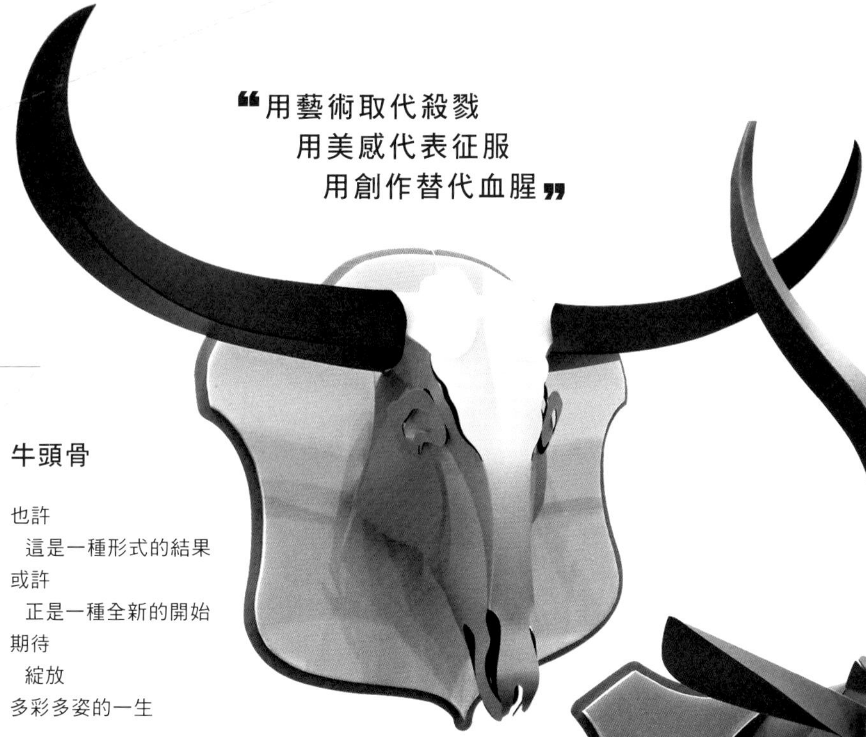

牛頭骨

也許
　這是一種形式的結果
或許
　正是一種全新的開始
期待
　綻放
多彩多姿的一生

飛躍的精靈　羚羊

寬闊的原野
　有無限的疆界
開放的心情
　輕快的腳步
生命舞會
歡迎你　加入

在開始發想牆上動物園時阿富許了一個夢想：
「希望有朝一日，能將頭像系列的作品量產權捐給聯合國的動物保育團體，藉由量產、商業行銷的方式為野生動物請命、募款，同時又達到生態保育的教育目的。」
藝術的價值，不在於少數的擁有
而在於為這個世界創造了什麼價值

歡喜虎

操心　無了時
　壓力　時時在
　　事情　永遠做不完
還有…還有…
　　誰說人生總是悲
換個視角看一看
　設身處地想一想
沒事　需計較
　　天塌　有人扛
　認輸　是贏家
放下　才開始
歡喜由心生
　自在又逍遙

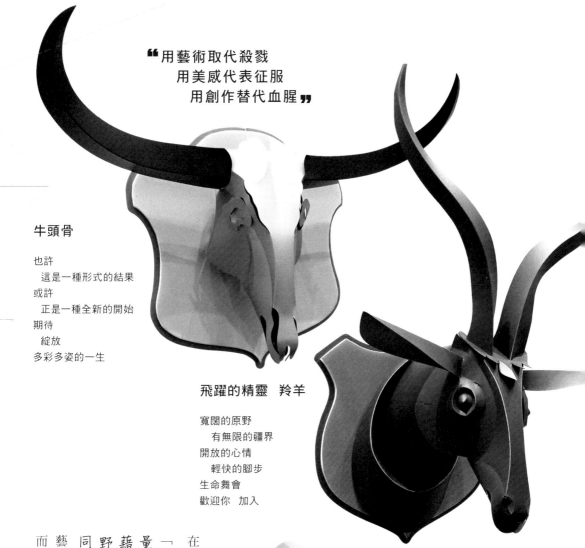

關於結婚這件事

愛，是推動世界的力量
尤其是「**愛情**」更是創作的動力
這條路上阿富常如史詩上的悲劇英雄
以各種優雅的、激烈的、
悲壯的……方式，被**Fire**……

「早結婚，早了兒女債」
聽進乾爹一席話
二十歲就計劃要結婚的阿富
卻總是　屢敗屢戰
喜歡的女孩子
老是「抵死不從」

遲了十多年，才拐到一個不怕死的

阿富從小就搜集求婚的點子
充滿了浪漫的想像
結果呢？……
老婆，是電話相親來的
「什麼時候來提親呀？」是岳母問的
至於阿富呢？

自動卡位「男配角」
（婚禮上，大家都把焦點放在
女主角身上，根本無人理會
新郎的存在……）

紙婚紗的設計概念就是「包禮物」。記得要包好，別走光喔！

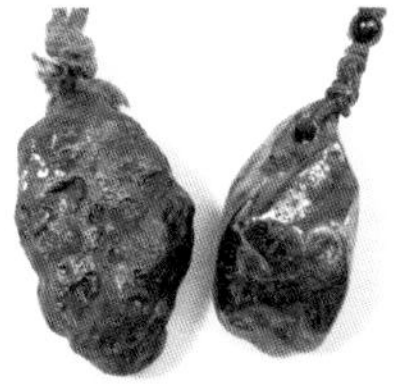

阿富當時在台灣發下了隕石追緝令，花了一番工夫才找來了兩顆做成「訂情物」。

既然要結婚，總得來點不一樣既的：

摘星做定情物：

鑽石恆久遠，一顆……
而阿富想要摘星星
聽說，在流星消失前許願方能成真
那麼就用隕石來作為訂情物吧！
這樣不就所有美夢都能成真了！

立體喜帖：

要親友們心甘被炸
喜帖絕不能落俗套，對喜帖的用心
代表對賓客的尊重
所以阿富依照賓客的屬性
做了三款設計：
第一款：**有鳳來儀**。對象：長輩親友
第二款：**心想事成**。對象：同輩好友
第三款：**前塵往事**——以底片膠卷的方式呈現
對象：曾被阿富追求過的廣大女性同胞們
結果　沒有生產（據可靠消息指出……深怕被追殺。）

紙婚紗：

每位新娘都該有一件專屬的婚紗
但，阿富買不起……
那就用做的唄！

「你做得出來，我就穿！」
老婆豪氣的回應
阿富沒有學過裁縫
花了三天三夜
為新娘量身定做一套「紙禮服」
拍了婚紗照，消息曝了光
親友衝著「紙婚紗」出席喜宴
許多人放下豪語：
新娘經過時會不小心「故意」跌倒……
至於婚禮實況，就不再報導了……

心想事成：美夢成真。從此阿富過著幸福美滿……的生活？

有鳳來儀：長輩們總喜歡喜氣一點。
龍鳳呈祥——男方家長觀點。
鳳凰于飛——女方家長詮釋。

To Woman / 看完此篇，千萬別挑剔妳的另一半，因為他們不是阿富。
To Man / 看完此跨頁，建議膠封起來，或「自動」銷毀。

風起

「**只問耕耘，不問收穫**」
是父親送給阿富的禮物
「**唐吉訶德**」是他的偶像
「**傻子**」是他的正字標記

阿富用了二十多年
跟工廠的師傅們「**搏感情**」
搏出量產的黃金團隊
用**教育**代替競爭
開創了臺灣的「紙雕燈籠王國」
成立了「**扶風文化**」推動紙藝產業
「**圓夢工廠**」是扶風給人的印象

任何疑難雜症，交給扶風就不成問題
不求偏安，採用「**被動式主動**」
創造了許多「**話當年**」的題材
扶風文化「**不做生意，只做服務**」
讓人納悶：「怎麼活下去？」
追求「**價值**」是一貫的堅持
只要把服務、品質、關懷做到位
「價格」自然跟進

2008年尼加拉瓜文化宮教學留影。

扶風　這塊招牌是由
成百上千件的紙藝量產作品堆砌而成的
每件作品從規劃、設計、修改、開模、印刷、軋型……
到客戶的教育分享
總是兢兢業業全程呵護
用「**談戀愛**」的心情
期待每位未曾謀面的朋友
感受到「**被愛**」的感覺
用量產的作品，傳遞溫度
誰說「**愛**」只限熱戀的對象！
阿富用紙藝證明
「愛可以很大、很遠、很開心……」

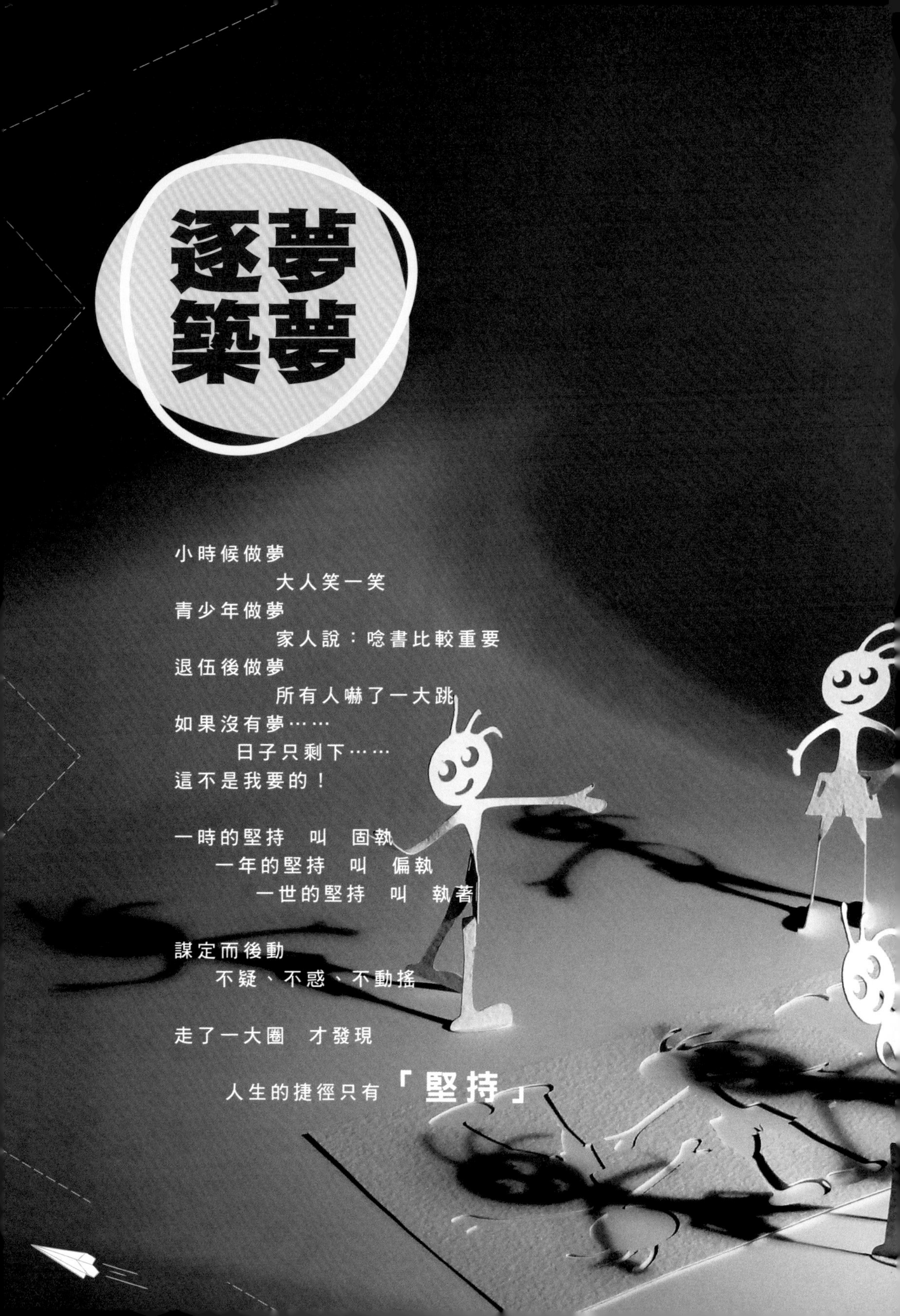

逐夢築夢

小時候做夢
　　大人笑一笑
青少年做夢
　　家人說：唸書比較重要
退伍後做夢
　　所有人嚇了一大跳
如果沒有夢……
　　日子只剩下……
這不是我要的！

一時的堅持　叫　固執
　一年的堅持　叫　偏執
　　一世的堅持　叫　執著

謀定而後動
　不疑、不惑、不動搖

走了一大圈　才發現

　人生的捷徑只有「**堅持**」

十大傑出青年的肯定

阿富有機會站在領獎臺上，所代表的不是「個人」，而是一群認真、善良的台灣人。這不只是榮耀，更是責任。

一九九九年的某天，在電視廣告中，看見年事已高的葉由根神父，一位大半輩子不遺餘力照顧臺灣智能發展不足孩子的老人，擔心著自己離開人間後，是否還會有人照顧這群傻孩子，希望能夠為這些孩子找個家。

沒有雕飾的畫面，訴說著最美的情操，觸動了當時看見這則廣告的阿富，於是與新婚的妻子許下小小的願望，只要有能力，一定要為有需要的人做些事。

二〇〇二年底，剛到兒福聯盟上班的小學同學給了阿富一通電話，詢問如何將中正紀念堂展出檔期變現？阿富決定將自己的作品全數捐出來，準備來場不一樣的義賣活動，要嘛不做，要做就做到位。反正沒有人做過，就來場華麗的冒險吧！

阿富與老友發想著邀請當時的拍賣天王—第一夫人來主拍，送出去的公文卻一一石沈大海，後來在父親動員人脈的協助下，終能實現此計劃畫，此外還請到當時的文建會主委陳郁秀女士來協同拍賣。最後不但順利舉行拍賣活動，也募集到了二、三百萬的基金。「**藝術反映時代**」藝術家不應只有「出世」，而該因對真、善、美的追求「**入世**」，甚至是窮盡所能，呵護所愛，進而「**造世**」。

把自己當作「**永遠的文化志工！**」，一直是阿富賦予自己的使命，這樣對於自己生命價值的肯定，帶動了許多藝術家紛紛投入這樣的活動之中，加上他常年投入文化、教育的推廣，推著他一步一步往前，最終站上了臺灣十大傑出青年的頒獎台上。

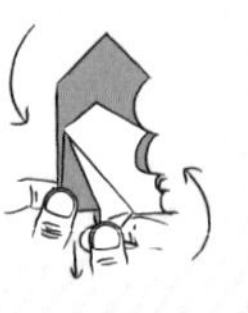

阿富說：「當選十傑對他來說並不是一項榮譽，而是一種對於他生命價值的檢視，檢視著過去他馬不停蹄的努力，也檢視他未來繼續奮鬥的決心。」

他毫不避諱地說，自己早在十七歲就開始準備爭取十傑的肯定，那時只是單純地想以「**大孝顯親**」來回報父母長年的擔心。

「從十七歲起，我就為成為十大傑出青年做準備，因為有超高的要求，才能有今日的我，感謝父母多年來的擔心與家人的付出，爸、媽，這獎是屬於你們的！」

「成功人士」的背後是多少家人辛酸的付出與支持，一旦決定付出，便沒有回頭的準備，多虧了父親的理解、妻子的體諒、朋友們的相挺，阿富才有機會站在領獎臺上，所代表的不是「個人」，而是一群認真、善良的臺灣人。

阿富猶記，接獲得獎的當下，打了兩通電話：第一通　父親：以謝父母恩；第二通　妻子：道歉從此妳的老公要捐給臺灣了。十大傑出青年的肯定，對於阿富而言，不是結束，而是另一個責任的開始，「**實踐**」之後才能夠擁有價值。

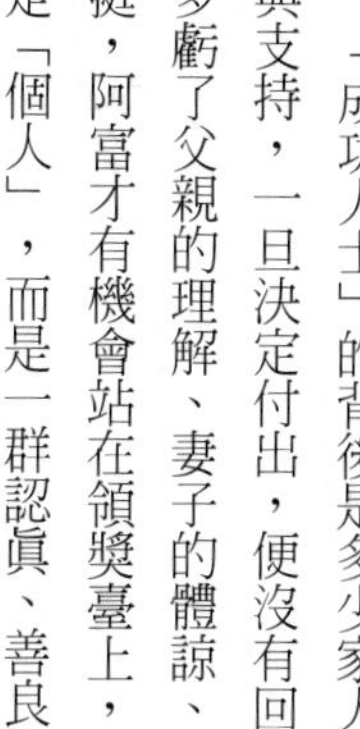

紙於至善——國際紙藝邀請展

紙張，雖然平凡，但因有心，而變得不凡；紙張，雖然平價，經過用心的創作，而變得無價。

這是一個不可能的任務。

阿富與紙藝界的好友林筠老師，想讓世界看見臺灣的紙藝，同時也將世界拉進臺灣。先是說服中正紀念堂的參與，再是臺灣及世界各地紙藝同好的邀集，還有動員學生跟親友。

要玩就玩大，人生總需要一場豪賭，賭的是歲月與青春，還有對紙藝推廣的使命與熱情。

為了擴大參與，邀請學校合作紙禮服及現場走秀，還有產業界的連結，加上舉辦比賽，邀集更多新秀參與，這絕不是個人的成就，而是臺灣人文藝術的新方向。

紙張，雖然平凡，但因有心，而變得不凡。紙張，雖然平價，經過用心的創作，而變得無價。透過國際交流，開了國人眼界，也讓國外友人驚豔臺灣的紙藝之美。

跨界產學合作、擴大參與，幾乎動員了所有的人力、物力……還有心力。要為這個時代的臺灣紙藝發展立下一個時代性的標竿，從開展……到結束，人潮不斷湧入，在沒有任何宣傳的預算下，用心的展出，舉辦了引起更多人的共鳴分享。

展出中還不忘擴大參與，第一屆的全國紙藝競賽，提攜更多的新秀，展露頭角。

結束的前一週，接到了不少「客訴」，全是在抱怨：「展期不夠長，來不及跟更多朋友分享……」這樣的客訴對於所有的夥伴而言，是最佳的肯定，正是藝術美化人生，紙於至善的目標了。

上／展出的布旗。
下／開幕記者會。

連展出的DM都要群衆動手做。

紙禮服走秀

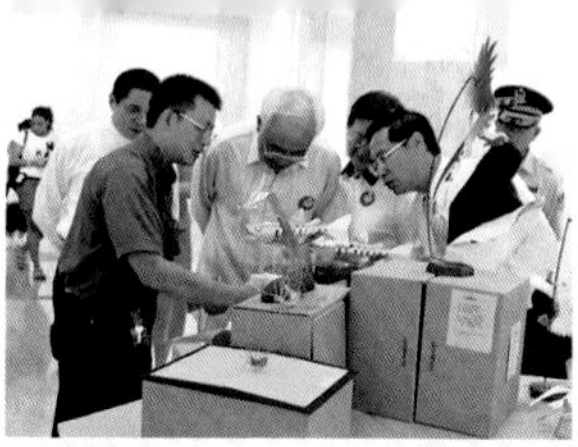

記者會盛況。

用專利書箱「蛙盒子」作的鋼彈是入口的亮點。

創作除了在特定的媒材上，更可以提昇到活動的策劃、推動與分享，擴大創作的初衷與效能。

創作品的推廣，不能期待「被發掘」，更不應靠著第三人的揣測，撰文來代言，若能由創作者現身分享，抑或是讓作品與觀衆近距離的交流，那種感動更爲直接。

不同的國家，不同的作者，不同的表現手法、主題、風格，唯一相同的是「**以紙會友**」，紙於至善，不但是一個國際紙藝交流的平台，更是集衆人之力，將紙藝的可能，推向更高的極限。看到觀衆驚訝、滿足、愉悅的眼神，一切的辛苦都在瞬間值得了。

立體摺摺書所做成的**DM**，是群衆爭相收藏的「戰利品」。

風來了．人間系列——秋的繆思

有些情愫，魂牽夢繫，渴望的追求，不曾淡去，將相思化為一縷紙捲，細細道出最初的悸動。

秋天，起風的季節，讓人想飛……想要採擷浪漫的種子。秋天的風，吹皺了她的裙擺，吹亂了她的髮梢，也吹動了……我的心。

那年秋天，二十歲的阿富，談了人生的第一場戀愛。在充滿化學變化的時刻，他將悸動、捲曲、彎摺、塑形，用思念、期待……加上情愫，注入靈魂，創作出線條抽象，意念具體的「風來了系列」。那女孩看了，給他一抹會心的微笑，阿富答以篤定的眼神，作品成了定情物。

在世新校內的個展發表後，引起了一陣騷動，當所有人都讚嘆時，好友卻提醒他：「作品是需要經營的，當下世人還無法接受素人的你，能有這樣的原創力，不如等待成名後再發表。」就這樣，「風來了，人間系列」不再公開，直到擦亮了自己的名字，才又發表。

二十歲時的作品詮釋風中駐立等待的心情。

阿富熱愛生態，所以他做動物紙雕；阿富熱愛生活，所以他做立體卡片、提燈、紙玩；阿富熱愛生命，他創作了「風來了．人間系列」，紀錄了人間的「**情**」與「**愛**」。

這樣的情愫，多年來縈繞在心中未曾減退，對於浪漫的追求未曾停歇，儘管滄海桑田，儘管人事已非，我不是我，妳亦非是妳，那些燦爛的記憶，依舊閃亮。

雖然這些年投入生態紙雕創作的工程，世人皆知：臺灣的生態紙雕和洪新富劃上等號，而阿富內心浪漫的種子，卻意外地被新光三越的一場邀展而又重新發了芽、曝了光。

展期是在二〇一一年的秋天，要求是：將作品放大到一百八十公分，營造情境氣氛。常規的紙材做不了大作品、耐不了重、成不了型，

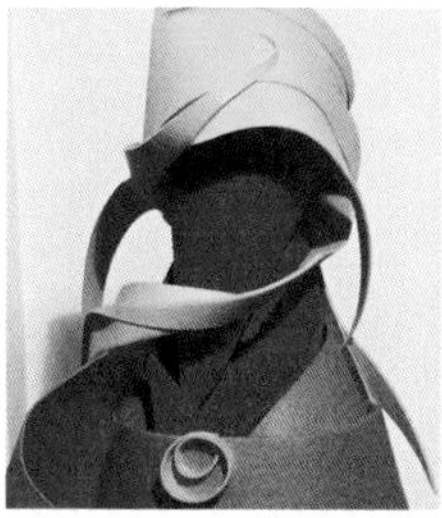

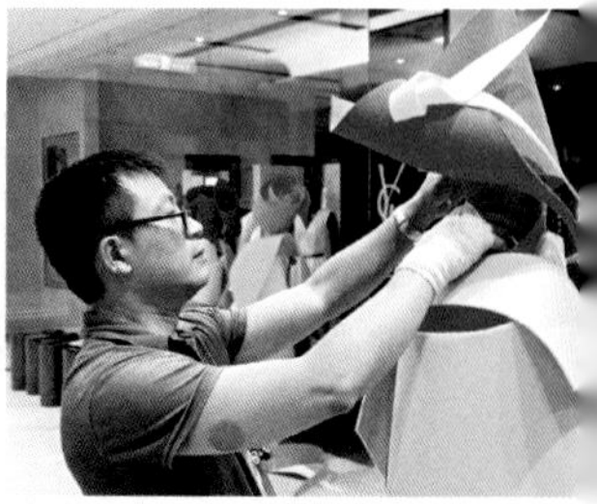

於是尋找替代材料。金屬：太冷、塑膠：太硬、布料：太軟……不織布：有溫度卻不夠挺，裱上金屬薄片：效果太差；上漿：太脆，最後用樹脂互裱才算成功。針、線代替了膠水，一切都是全新的嘗試。

創作是一種概念，但是材料的加工技法卻是重新探索。過去是以「面」來連接，現在僅能以「點」來固定。

被宣判浪漫已死的阿富，重新復活。那些生命中曾經的愛戀，幻想的浪漫，得不到的小確幸……一一甦醒。

關於秋天的記憶，羞於啓齒的告白，還有那些沒有機會開始的戀曲……排山倒海，傾注於「**秋的繆思**」。

每一件作品，都有一道身影；每一個動作，都有一則故事；每一段線條，都藏著一絲愛意與祝福。那是關於你的、我的、還有他的故事，在情感的記憶中流串，作者與觀者之間的故事。「**阿富相信，創作需要的不是技法，而是『心法』**。」

只要情感夠濃、夠烈，作品也會跟著呼應，那些無形的能量終會滲透出來，轉換成清晰可見的樣貌，撼攝觀眾，大哭、大笑、大聲歌唱。

那些傾囊注入情感的作品，在細心呵護下，保有創作初心的純粹，發酵出引人共鳴的香醇。

立體書的異想世界

收藏立體書，不為炫耀，只想分享；夢要做大，世界才能更大。

對面鄰居的親戚從國外帶了一本立體書給他，阿富羨慕得口水直流，用盡方法，就是拐不到手，那年阿富十三歲……

一九九二年阿富第一次出國，第一次到比利時個展……還有買到屬於自己的第一本立體書，從此，阿富每每趁著展出、教學之便四處搜羅立體書。他回國的行李常常爆箱，阿富因此而練出分箱配重，驚險過關的本事。

一九九九年的一場意外水患，淹掉了阿富先前所有努力的一切，也淹掉了他所有珍愛的立體書，他花了八個月搶救整理，其中有六個月在修立體書，沒想到居然修出心得與興趣。

到了二〇一一年，阿富立體書與立體卡片的藏量已超過四、五千之數，除了收集、研究、同時還創作、推廣……當紙本書籍開始蕭條沒落時，卻只有立體書能一枝獨秀，逆勢成長。隨著產業外移，工作機會減少，阿富發現：立體書需要大量的人工，可以爲許多弱勢的朋友帶來希望，於是興起了推動立體書產業的想法。

一個人的力量是不夠的，於是阿富找了一個立體書的站長來支援，說服國內辦展最專業的蔚龍藝術來加持，幾經波折，多方努力奔走下，終於在二〇一二年六月十六日至九月十六日與聯合報的金傳媒合作，於歷史博物館辦了臺灣有史以來最大的一場立體書展——「**立體書的異想世界**」。

經過十二個月的籌辦與熱身，邀請了國際知名的立體大師大衛A卡特（David A. C）和馬修（Matthew），此外還邀請了香港彈起的作者劉斯傑，來臺灣分享立體書創作的經驗與歷程。

主展場有來自世界各國不同年代的立體書，分

原來立體書動手做，可以這麼容易、有趣。

每天下午的現場示範教做，是觀眾最愛的項目。

展場外大排長龍，等著進場的群眾。

門別類、巨細靡遺，讓觀賞者可以浸淫在立體書的異想世界中，加上多媒體的互動、好不熱鬧。

爲了對得起觀賞者，阿富堅持要有動手翻閱區，讓觀眾看了展覽不只心動，還可以行動，親自翻閱享受參與的樂趣，其結果當然是……傷痕累累、病號暴增，雖然成本墊高了，卻得到觀眾的認同。

看展覽除了長知識外，更需要用心的啓發，這場展出最特別的應該是「**阿富的立體書工作室**」在展出期間，阿富將部分工作室搬到現場，每天下午現場創作、教學、分享……天天爆滿毫無冷場，讓特展「**活**」了起來。

金傳媒的宣傳、活動到開展半個月，便告一段落，接下來全靠「**口碑傳播**」，阿富有誠意的策展方式果然奏效，靠著口耳分享，來的觀眾愈來愈多，到後來還必須管制入場，而臺北突如其來的西北雨，觀眾不減熱情撐著傘、雙腳泡著水等待排隊入場，是對用心策展的肯定！

經過三個月的展出，總共超過二十四萬人買票看展，在最後一個月期間，常常被客訴——宣傳不夠，展期太短！

「神奇魔豆」是阿富爲了回饋觀眾特別設計製作的「摺摺書」，阿富戲稱是——「**窮人的立體書**」。全書僅用一張長條的紙印刷並軋型而成，觀眾只要依照符號約定摺出凹與凸，即可馬上進入立體書的創作世界，不僅成本低廉又適於分享，是阿富展出成功的秘密武器。

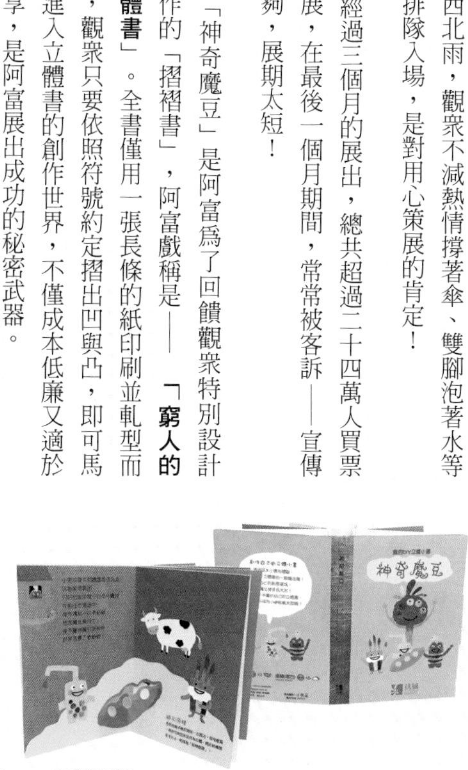

邀請立體書大師大衛A卡特（David A. C）做造勢活動。

用「愛」創造世界最長的立體書

「用立體書串起全臺灣！」不再只是一句狂語，而是可被實踐的理想。

自小，阿富是個沒有自信的孩子，不知未來該如何？沒有看過世界長怎樣？口吃加上小個子，從來不是被在乎的那一個，這世界應該也有不少這樣的小孩吧？

辦完了轟動的立體書展，接下來該是做深耕動作了。

立體書不應該只有「被收藏」，更應該「**被參與**」。展出只是「過程」，教育紮根才是「**目的**」，至於「手段」呢？那就來玩玩金氏世界紀錄吧！

最大：不好玩；最小：無法分享；那麼就來個最長吧！

阿富推想：只要每個人做一個立體跨頁，互相串聯，很容易就創造紀錄了。但要怎樣串聯呢？

阿富想到十指交扣的方法，既可以獨立存在，又可以任意排列組合。心動不如行動，馬上申請多國專利。

阿富也開始遊走臺灣各縣市，最終在臺中找到了屬於這個故事的出發點，以惠文國小作爲號召的基地台。在偌大的城市中集結各路好手，找來七十幾位美術老師，花了整整四天的時間，研習、創作、修正、上色、排演，再加上各分區個別指導、修正，前後歷經近半年的時間，終於在二〇一三年五月，臺中市政府廣場展開金氏世界紀錄認證活動。

總長一〇六公尺，一四八個跨頁，載滿了豐富人文、色彩與希望的世界最長立體書，在歷史上留下了紀錄。

邁向目標的旅程中，總有許多挑戰，然而，

由 250 位師生完成 296 頁的創作，
全長共達 106 公尺的立體書。

去掉那些表象世界的榮耀，阿富提出圓夢計劃的動機，其實很單純，只是想在當今苦悶的教育中，能夠爲依舊保有天眞的孩子們，撒下一點點快樂學習的種子，當初種下的七十幾顆種子（參與研習的教師們），也萌了芽在臺灣各地繼續開花成長。

活動是一時的快感，參與者的自我認同，才是最初追求的價值，至於紀錄嘛，隨時可以再破！

這樣動作每個人都會做，但
用在紙品連結上卻是阿富想
出來的世界專利。

經驗國際　國際驚豔

國際個展的起始站——比利時

金爾莉老師的一封邀展函
開啟了阿富的國際之旅
千辛萬苦加上朋友的贊助
才湊足了旅費
終於來到了比利時的魯汶市
落地後的一場火災
差點毀了所有的展覽
一方面協助善後，一方面爭取資源辦展
那是週五下午兩點的「市長有約」
十分鐘的交談
讓阿富見識到真正的民主
先是對文化的尊重
再是服務與效率
沒有推託，只有熱情
於是展覽順利舉辦
在當地獲得極大的迴響
伴著認同的讚美
阿富仍為自己能夠在這
與臺灣沒有邦交的國家辦展覽

NESE PAPIERKUNST IN KESSEL-LO

in de feestzaal van kafee Pie de Nijper aan de Holsbeeksesteenweg in Kessel-Lo
erk van de 26-jarige Taiwanese papierkunstenaar Hong Sing Fu (midden). De
september en is alle dagen behalve 's maandags tussen 11 en 23 uur gratis toe

apier toen hij vier jaar oud was. Op zijn veertiende begon hij met papiersnijden
j zich toe op papierbeeldende kunst. Toen hij 20 jaar oud was, schreef hij het
king paper stature cards".
Kessel Lo presenteert hij 18 Taiwanese landschappen en 12 dierenriemen naast
kten.

上／魯汶市副館長致詞，並有當地熱情的外國友人舞誌慶，為展出拉開了序幕。下左／當地展出報導之一。下右／現場為賓客們解說作品及創作心路。

❝「機會」是靠自己創造的！❞

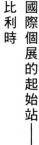

1995再次受邀於比利時帝文格文化中心個展記者會上留影。

感到不可思議
也感激著魯汶市的大力支持

當時阿富在臺灣名不見經傳
卻因自己的紙藝作品
讓沒有邦交的國家願意以禮相待
深感作為一個生長在臺灣的華人
坐擁中華文化的寶藏
加上特有的人文、生物、地景風貌
是多麼值得珍惜啊！
「**永遠的文化志工**」成了阿富急欲貼上的標籤
從此只要是國際邀約，阿富總是排除萬難，不計得失
熱情地在世界各個角落，用紙藝、用教學、用熱情
分享來自地球彼端那個叫做「臺灣」的小島
所散播出來的美
回頭細數阿富的足跡至今已走過二十幾個國家
一百多個城市了

北極海
(Arctic Sea)
格陵蘭
(Greenland)
阿拉斯加
(Alaska)
加拿大
(Canada)
太平洋
(Pacific Ocean)
美國
(United States)
大西洋
(Atlantic Ocean)
夏威夷
(Hawaii)
墨西哥
(Mexico)
古巴
(Cuba)
宏都拉斯
(Honduras)
尼加拉瓜
(Nicaragua)
瓜地馬拉
(Guatemala)
哥斯大黎加
(Costa Rica)
馬紹爾群島
(Marshall Islands)
吉里巴斯
(Giribas)
索羅門群島
(Solomon Islands)
太平洋
(Pacific Ocean)
巴西
(Brazil)
阿根廷
(Argentina)
紐西蘭
(New Zealand)
國際換日線
2004
加拿大溫哥華示範教學
2006
加拿大多倫多
紙的詠歎調紙藝展
2017
美加巡迴展演
2004
美國紐約紙藝展演
2006
溫哥華展演
2006
加拿大溫哥華紙藝個展
接受當地電視台採訪
2008
北美地區
台灣傳統週紙藝巡迴展
2008
LA與市長合照
Preserving Nature's Creations in Paper
2009
美國聖路易市個展
2004
美國紐澤西紙藝展演
2000
宏都拉斯展出及教學
2000
瓜地馬拉紙藝展
2008
尼加拉瓜展演
2008
澳洲南天寺個展
2013
巴西里約個展教學
紙·創意·文化
國際推廣重點足跡
——洪新富

大西洋
(Atlantic Ocean)
1992
比利時魯汶市個展
2012
丹麥展出教學
2001
俄羅斯聖彼得堡個展教學
1995
比利時個展記者會
2012
德國柏林、
荷蘭阿姆斯特丹
旅展示範教學
瑞典
(Sweden)
2001
俄羅斯莫斯科個展
俄羅斯
(Russia)
2015
南京紅點文創
英國
(United Kingdom)
2001
英國漢考克博物館展出
丹麥
比利時
(Belgium)
德國
(Germany)
波蘭
(Poland)
2010
德國漢堡
展出及教學
烏克蘭
(Ukraine)
法國
2007
上海民族博覽會現場教學
義大利
(Italy)
2012
韓國首
西班牙
(Spain)
土耳其
2009
法國坎城紙藝個展
2002
義大利羅馬
國立東方博物館展出
2002
匈牙利國際民俗文化節個展
中國
(China)
2011
南京
名品城個展
2016
昆明
紙藝個展
2004
天津
紙藝聯展
2010
福州
海峽兩岸
民間工藝
展示教學
(Iran)
2002
匈牙利 國際文化節個展
臺灣
(Taiwan)
緬甸
(Myanmar)
泰國
(Thailand)
越南
(Vietnam)
甘比亞
(Gambia)
2016
法國羅浮宮個展
2012
波蘭個展及教學
斯里蘭卡
(Sri Lanka)
馬來西亞
(Malaysia)
新加坡
(Singapore)
2012
甘比亞
展出台灣生態紙藝
剛果
(Congo)
2009
泰國旅展
2014
越南旅展
2009
新加坡旅展
大西洋
(Atlantic Ocean)
馬達加斯加
(Madagascar)
澳大利
(Australia
南非
(South Africa)
印度洋
dian Ocean)
2013
馬來西亞吉隆坡
旅展示範教學
2002
南澳阿德雷德市，
福林德斯大學藝術
博物館市區展覽館
展出
1998
德國七個城市巡迴展出教學
1998
德國幕尼黑個展
2008
馬來西亞檳城旅展
2009
德國柏林生態個展
2009
馬來西亞旅展
2009
德國柏林旅展
2014
德國旅展

How about 設計？

「在有限的條件裡，做無限的延伸」是洪新富對「**設計**」所下的定義。

方寸之間是限制
預算多寡是限制
生命長短是限制

心志不堅的人，做不了設計師
懦弱膽小的人，做不了設計師
追求「名」、「利」的人，更做不了設計師

記得第一次哭
第一次笑
第一次感到心跳的悸動

在靈魂深處，渴望完成的那個夢……呵護著最初的感動，時時刻刻努力感到「活著」的心情

凡事好奇
凡事感謝
凡事付出，正是一個設計師的天性

少票名片，讓人很難忘掉「洪」、「新」、「富」（紅心腹）。

上／為了看見世界最大的花，深入馬來西亞的原始林。下／錄製節目也可以玩得很Hi。

洪新富沒有學過「設計」，他是被「設計」，還是他在做「設計」？設計是什麼？設計又能做什麼？

每天一早起床，該穿什麼衣服？該帶什麼出門？該走哪個方向？……這都跟一天的行程有關，從需要的「結果」，決定之前的準備、行動，這就是「設計」。設計的存在，是生物延續的本能反應，不是少數「設計師」的專利。

設計師的養成

1 **感知**：知道了，認知事物的過程
2 **感覺**：察覺事物與自身的關聯
3 **感動**：在互動中產生了共鳴與認同
4 **感恩**：深入的理解，全面的感謝
5 **感染**：以行動力，將美好分享出去

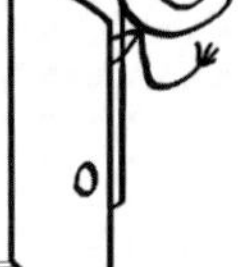

左／看人放天燈也是一種樂趣。右／搶拍可以很熱血。

設計師，不僅是待在電腦前剪剪貼貼、排列組合，或是在工作桌上拼拼湊湊的工匠而已；更是不斷學習、處處關心、凡事體恤、勤於溝通、勇於承擔、樂於分享的眞、善、美執行者。

設計師與藝術家的分別

追求眞、善、美是人類的天賦與本能，藝術家透過感受與觀察，本能地將之以具有美感的方式呈現，或舞蹈、或戲劇、或音樂、或視覺，或以各種超乎想像的形式出現，是由內而外的個人情感的具體延伸，俱有感染的穿透力。

設計師乍看與藝術家極難辨識，同樣從事美學的產出，卻有著本質上的極大差異。設計師根據「**需求**」將一切可能的事物組合、拆解、重組出一條最有效率的路，「**眞**」是出發的本心，「**善**」是追求的目標，「**美**」是必然的結果。

藝術家呈現的是「**本我**」，而設計師所追求的是「**大我**」。設計師雖然無法像藝術家般，時時刻刻瀟脫自由，但最高級的設計是如何譜寫精采的「**人生劇本**」，最高級的設計師，用關懷作為顏料，用設計當作畫筆，化腐朽爲神奇，用行動默默改造世界，既能入世，又能寫意，做自己人生的主人，不受時空的有形限制，追求心志的自在。

藝術家的養成，常在時代起落之間飽嚐人世悲歡離合後，從內心吶喊出引人共鳴的作品，共鳴的人愈多，便能傳世愈廣、愈久。

設計師除了生物的規劃本能外，需要透過廣泛的學習，深切地關懷，因爲在乎及被需要，在有限的條件中，創造出最大的可能。需要更大的深度與廣度去融入世界，去挖掘、解決，甚至是防範問題，屬於「**創造價值**」的行業。

阿富的武功秘笈

1 廣泛的學習
2 深度的關懷
3 開放的態度
4 勇敢的實踐

廣泛的學習

倘若設計缺少了「**目的性**」與「**功能性**」，它就成了無意識的行爲，有意識的整合既有資源，做最有利的條件搭配，才能成爲設計的起始點。開始設計後，總要找到最適切的方式去達成，如何找到，如何增加自己的眼前的選項，則是考量到個人對於各領域的認知，認知越多就能轉換成越多的「**背景知識**」與「**參考條件**」，自然能夠信手拈來，設計也不會被窄化而突破不了限制，因此敞開心胸廣泛的學習是重要的加值工具。

用心佈置的櫥窗也是學習的對象（攝自東京街頭）。

深度的關懷

從關懷自己開始，關心自己今天早上起來要穿什麼、吃什麼？可以爲別人做什麼？設身處地地爲身旁的人著想，用「**同理心**」去理解，關懷深切地了解問題的核心，做好準備，防患未然。如此思考的過程，就是關懷的起點「**唯心**」。

計程車司機也可以是藝術家（司機等客人時的創作）。

開放的態度

這個不行，那個不行，到底怎樣才行？自我設限，只會路越走越窄，唯有開放的態度，才能創造各式的可能。

勇敢的實踐

別再搖著頭、揮著手說：「喔！我不懂設計！」。每天出門前，決定穿什麼衣服（參考天氣、場合）、交通的路線、用餐的方式……該有怎樣的表情……都需要預設結果做好準備，即使是麻煩的、痛苦地、彆扭的……爲了有更好的發展，願意承受這過程中的一切考驗與磨難。

看展可以快速有系統的學習。

夜市打靶需要決心與技巧。

把變數化為常數

在設計過程中，最常出現的就是「變數」，人算不如天算，事情永遠無法如期待的順利進行。考量到一切成因隨時都有可能異動，不受其擾，反而把阻力化爲助力，正是設計師該具備的人格特質，在歷史上不乏類似的案例或故事：大禹治水、草船借箭……合縱、連橫、遠交近攻……不都是在逆境中創造轉機。「千金難買早知道」，雖無千金，但若做足準備，「**機會永遠是給做好準備的人的**」。

當你將那些生命中的「變數」轉換成操之在手的「定數」時，你會發現，你已經改變了世界的某一塊拼圖。

設計，是腦袋的思維活動，更是一種哲學的實踐模式，有方向的行動，就是設計，定義自己的名字，設計自己的人生。

從印尼買到百年前的英國縫紉機，還是活的喲！

越南的觀光夜市買到的立體卡片。

在越南拍攝到的「看見世界」。

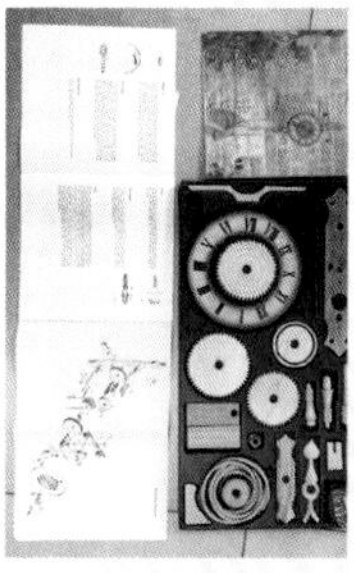

ebay標到1960年代DIY的木頭鐘。

1912年的自動鋼琴，已是一個完整的樂團。

消費學習

能增值的消費叫「投資」，「想要」，還是「需要」各有一把尺，阿富的錢只用來買「**時間**」、「**快樂**」、「**健康**」。

他　省吃儉用
他　縮衣節食
他　不煙不酒
他　勤儉克己……
只因他是——「購物狂」
他拒絕不了「新事物」的誘惑

自小對世界就充滿好奇，課本講的是眞的嗎？蟻窩裡的分工是如何？除了工蟻、兵蟻、雄蟻、蟻后，還可能有別的嗎？

要解惑，只有直搗蟻窩了，至於下場……他把螞蟻的分工、蟻窩的分佈，不僅搞清楚，而且記一輩子。

為了細看這個蜂窩，阿富被「叮」了！

他可以做苦工、不吃飯，但對於好奇的東東，一定要弄到手來分析分析。因此「**敗家**」成了他必要的專長，從柑仔店、大賣場、特展會、跳蚤市場、YAHOO、露天、ebay、Amazon、淘寶……他成了超級買家。

在物質缺乏的年代，任何可以到手的「玩」具，都顯得格外珍貴。想要擁有或分享，只有徹底了解，再設法重製，因此「**破壞大王**」是阿富的父親在盛怒下給的封號，任何只要「能動」的東西，他總要拆開研究。

「**破壞**」是「**建設**」的開始，東西拆久了，自然也學會了修東西，「**解決問題**」成了阿富的專長，「**動手學習**」勝讀研究論文，生活經驗提升了學習成效。

小東西可以看到大世界。

在跳蚤市場淘寶，是一大樂趣。

左／逛逛文創小店，也曾大有斬獲。右／查看圖鑑可以鎖定蒐藏的目標。

阿富的父母一直很納悶，從未看過他認眞念書，但他的功課從來沒有讓父母擔心過。根據研究：阿富是玩得太瘋、拆得太凶，將知識與經驗結合，內化成爲「**創造力**」的養分。這可從阿富的幾件創作看出端倪！

買東西拍照打卡是一定要得啦！

旅行中蒐集戰利品，是重要的意義。

想買的東西太多，口袋永遠不夠深！

東西收多了，居然還成了創意顧問呢！

案例一　偶依戲

時間：一九九三年～
地點：台北市的某家古董藝品店
過程：「洪老師，這個你一定要買！」
　　　「給我一個理由。」

只見女店員將人偶放在紙箱上，拍了紙箱兩下，人偶便旋轉了起來。

阿富毫不猶豫地將它打包帶回家，代價是好幾天的餐費又沒了。

這東西叫「鬃人」，是老北京的古老工藝，在京劇的人偶下綁上一圈固定方向的豬鬃，放在銅鑼上敲，即因振動隨著節奏而旋轉。好東西到手，當然是先理解，再重製、改造。

理解容易：人偶有重量，壓到定向的豬鬃上產生彈力，當銅鑼響時產生振動，人偶因摩擦力作用而產生旋轉的動作。

複製起來卻很麻煩，光是取豬鬃，阿富就拆了不少的洗碗鬃刷，如何簡化再出發成了考題。

阿富花了八年才想通（看來他也不是多厲害），原來只要將一紙片貼成柱狀，在其底端定向斜剪一圈後，放在任何可以震動的平台上都能產生旋轉的動作，再加上造型應用，即成了全新的作品。

案例二　啄木鳥

時間：一九九八年
地點：工藝研究所推廣中心教室
過程：教紙玩創作。讓學員帶可動玩具，參考原理，創作紙玩具，從有得玩到找不到的，回想起兒時曾有一個玩具，長得像弓上面有幾隻塑膠小魚，只要一翻轉，小魚兒便一搖一擺地往下游動。這玩具阿富最後一次玩是六歲，為了讓記憶復活開始做實驗。
道具：棉繩、吸管、紙片、剪刀、釘書機

首先剪下一小截吸管，將棉繩從中間穿過，上下垂直拉緊棉繩的兩端，吸管即往下掉，這時剪下一長

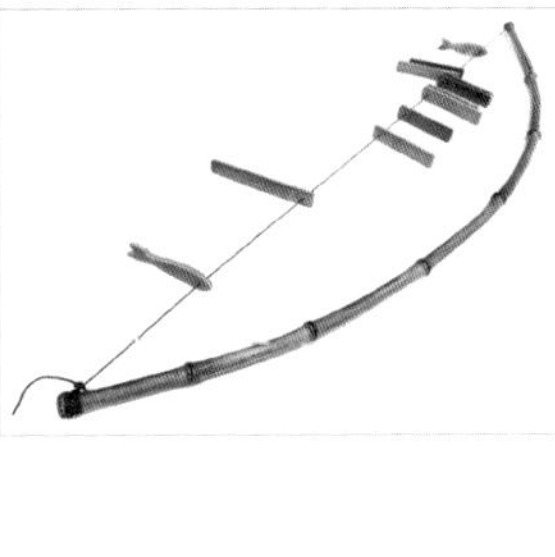

條紙片繞過吸管，用釘書機固定，再拉緊棉繩並垂直，紙片即上下抖動，一步一步地往下移動，復刻了兒時的動作。

接下來便是如何做出有趣、好玩、能量產的作品。首先如何取代吸管，再是簡化組裝，還有如何加上教育價值！

於是大赤啄木鳥在幾經改造終於量產了，全程只要穿線、扣組即可。輕薄、好玩、易攜帶，同時還可做科學實驗，利用足部的孔洞距離，來改變下降的速率與頻率，讓學員們可以在操作的同時理解「縱擒」的原理與現象。

案例三　羊年創意提燈

時間一九九八年五月

地點：德國柏林跳蚤市場

過程：趁著巡迴教學的空檔，在柏林的跳蚤市場中發現了一批有趣的木製玩具，其中兩個串在一起的囚犯，靠著一顆鏈球拉動，左搖右擺前進到懸崖邊才停止。

這是一件古老又充滿智慧的玩具，簡單、有趣、幽默……當然要深入研究。

發現：藉由地吸引力，在微斜的坡面便可直接往下走，靠著身上的軸，擺動有著球狀弧面的腳左右交替，釋放位差，將位能轉成機械動能，眞是太誘人了，可是怎麼簡化轉成紙玩具呢？

原作是木頭做的，其本體可輕易作出弧面，又有足夠的重量與強度來完成機械動作：紙張是**2D**的無法做出順滑的弧面，加上重量與強度都無法與木頭相比。

經過十幾年的屢敗屢戰，不斷地改變嘗試與改造，阿富才發現：原來「簡單還可以更簡單」。將紙片對摺，開口端剪出一個弧度，再從正中間剪出一個葉片形切口，放在斜坡上即可作出搖擺下坡的動作。

「頭過身就過」再來就是如何發現造型了。其中二〇一五年為桃園燈會所做的變成了當年最夯、最搶手的創意燈籠（如圖QR扣）。

打造圓夢艦隊

乍看洪新富是一個人，
細看洪新富是一群人，
深入了解之後發現他們是一家人。

在夾縫中求生存是多數人的痛楚，要如何悠游其中，游刃有餘？除了要練就高 EQ 外，更需全方位的後援。

洪新富從十七歲第一次上台教學開始，就計劃著「複製夢想」，任何教學邀約，從不拒絕。從校內社團教到校際巡迴；從都市教到偏鄉；從臺灣教到世界各地，他樂此不疲，只因在分享技術時，也分享了彼此的故事，傳播了熱情，點燃了希望。這樣還不夠，他還到處投稿，努力出書，甚至主持教學節目。

他搜集美好的事物，咀嚼、消化、發酵、醞釀成可被把玩、分享的「作品」，爲了分享，他研發、量產，用**教育**的策略建造市場，透過「量化作品」複製快樂，傳遞眞善美的訊息。

爲了永續利他，他開了公司，經營團隊，組織更有效率的圓夢艦隊，儘管他只是個人；儘管他的公司不大，但每個跟他接觸過的人，都被他植入了夢想的種子，只待合適的時機萌芽茁壯。

至於圓夢艦隊要有多大，阿富從不設限；到底要航行多久，只設方向，不訂期限。堅信美好總要有人堅持，認眞砌磚，終能疊出長城。

拆組玩具也是一種學習。

下一個夢——創建「玩具創客館」

你的夢想是什麼？
還在堅持嗎？
放棄的、完成的……夢想有多少？

愛做夢的孩子——阿富，是一個正常到有點不平凡的臺灣小孩，他的成長從鄉下、客廳即工廠到電子數位時代，他跟你一樣被迫適應新時代，有著嚴重的「**時代鄉愁**」。

他挖掘童年的快樂回憶，發現珍惜物資年代裡的幸福，找到有效學習的捷徑——「**快樂**」。於是他辦了「立體書的異想世界」來實驗，結果，超過二十四萬張門票證明他的想法是對的。

接下來便是創造一個充滿趣味、問號與驚嘆號的學習場域，同時將社會關懷、永續互動加入，他發現過去的年代裡：

爺爺上一次發條，老鐘可以走一個多月；照相機在閃光燈前，所有人都在乎自己的表情；每個戀愛中的女孩，都會收到音樂盒、老留聲機不插電還能唱歌、爸爸的保險櫃有著複雜的開啓儀式、存錢筒原來可以很好玩、媽媽的縫紉機居然與棉花糖機有著類似的機構；有趣的玩具，竟然可以自己簡單做……

何時彈珠台不見了，那些曾經構築生活、成長的美好經歷，如果能夠重新找回，分享給生活圈窄化、書包越來越重、笑聲越來越小的孩子們該有多好。

在這裡：老人家可以分享智慧；大人回憶童年；小孩可以找到參與的快樂，學習不再苦悶，實驗充滿樂趣，**情境對了，人的心眼自然開了**。

創建一個這樣的體驗場域，正是阿富的下一個夢。爲了這個夢，阿富已經準備了二十幾年，過程中他不斷地摸索、反思、嘗試、檢討、修正……再出發。阿富的朋友，從他年輕聽他訴說到年過半百，一直失敗卻未從放棄。「**有心**」是阿富唯一的法寶，唯有不斷地學習、整合、分享、實踐與調整，才能成眞。

「**夢想不怕做大，只怕不做**」。也許不久的將來，你也會成爲他築夢的夥伴，一起加入傻瓜的行列，動手親鑄「**桃花源**」。

在法國的古董地圖，可以看見過去臺灣的容顏。

「洪新富」的養成

回想過去，一直以來他只是不斷地在做三件事情：學習、關心、實踐，僅此而已。

阿富為了做玩具，開始與紙為伍。

他小時候立的第一個志願是「科學（發明）家」（PS.據本人表示，當「總統」只能服務一國的人；當「史豔文」也不過是一時的英雄，當發明家就不一樣了，只要做對一樣好的發明，對人類的影響又長又遠，還可以「賺大錢」，這樣一輩子就不必為五斗米折腰了，爸媽也可以早點退休，帶小阿富去玩了。）

既然要當發明家，就要像發明家一樣凡事好奇、凡事學習。

打破砂鍋問到底的阿富，一直是個麻煩人物，教到他的老師「痛不欲生」，沒有教到的「遺憾終身」。問題份子、古靈精怪的阿富，其實非常單純，他只想做大人眼中的「**好孩子**」。

可是他又非常「**懶**」，任何事情交給他，他不會馬上去做，總是問東問西問到滿意才動手，他的媽媽形容他「比死人還懶惰！」他總是比別人晚做，卻很少出錯，甚至比別人早完成。奇怪，看他幾乎都在玩樂……

「人性本『**懶**』」是阿富的主張，「懶惰的極致就是『**效率**』」，從小就信奉「懶教」的阿富為了貫徹教義，努力學習，他發現：學習可以縮短摸索的時間、增加成功的機率，是最有效率的投資。

當阿富學會複利計算時，他發現如果爸爸不抽菸，省下的菸錢若干年後，夠買一間房子，所以阿富不抽菸，順便把酒錢、咖啡錢都省下來，那麼人生就可以更早自由。

阿富十七歲時發現大家都在擠窄門（考大學），無效的學習只為弄到一張高一點的文憑，

上／拍照可以很另類。下／和孩子一起做獨木舟也是一種體驗學習。

找一份安定的工作，混到退休。他發現就算當到高階主管，靠單薪養家在未來是不可能的，所以他進入五專培養專業能力，同時用力的「玩社團」，從學生時代開始創業。「因爲年輕」，失敗的機率也就越高，但這是別人學不到的「成就」，**失敗經驗多了，自然離成功就近了**。

在功利掛帥的年代，「**傻子**」成了比熊貓還稀有的動物，尤其是跌不怕的小孩，自然疼惜的人就多了，疼惜的不是某個特定的人，而是那個「**純真的自己**」。長大了，所有人都學會用世故來僞裝自己，久了，便忘了第一次聞到花香的驚豔。

阿富從小就追求「懶到最高點」，其目的不過是想過「快樂安穩的日子」，但若身邊有人不適或不悅，又怎能快樂得起來呢？他曾遍訪名山尋找「桃花源」，但那豈是凡夫俗子找得到的？正因如此，平凡的阿富決定用平凡的方式建造屬於自己的「理想國」。

阿富藉由作品的量產分享，他用出版、用教學、用一切可能……提醒所能接觸或影響的每一個人「**一念天堂**」，未來是由集體意識所構成，只要願意，世界可以因你而更美好。

洪新富不過是洪新富，他出奇的平凡，但因「**有夢**」而顯得有點不一樣。你可以不必成爲洪新富，只要做好眞正的你，就能成爲烏托邦的一份子。

上／做東西是為了好玩！右／阿富仔到羅浮宮一遊^0^。

洪新富是誰？誰是洪新富？

相信能翻閱到此頁的你，一路閱讀著關於洪新富的故事，一邊思索著你所知道的、你所定義的、你所認爲的……「**洪新富**」，比對著、回想著你的童年、你的生活、你的故事，還有……你是「**誰**」。

一部感人的電影除了精采的劇本、精湛的演技、動魄的場景、特效……最重要的是「**情感上的共鳴**」。

本書的主角阿富沒有金湯匙可以含，他的出身、他的成長、他的經歷、他的……都再平凡不過了，也因爲他的「**享受平凡**」與「**追求不凡**」和多數人相較之下，反而顯得突出。他調皮搗蛋、堅持夢想、甘於挫敗、追求自在。他跟你一樣，有血、有肉、有情、有愛、有青澀、有糗事，他還曾經被人放狗追呢！

洪新富不一定要是「洪新富」，洪新富只是一段從一九六〇年代開始持續發生的故事，故事中偶爾與你產生了一點交集，或者你也是某段故事中的主角。重點是：你是否在「設計．洪新富」中找到了你自己，抑或你是被「設計」不得不、不小心的看到這一頁。

洪新富不是唸設計的，但他是做設計的。當然，他也是被時代所設計，設計是有目的性的行爲，這目的的初衷是什麼？你又爲何會陪洪新富耗到此時此刻呢？看完此頁請放下洪新富，做回你自己。

洪新富可以是一個人、一組團隊、一刻堅持、一份夢想、一種信念、一點共鳴、一絲回憶……可以卑微、可以堅韌、可以巨大、可以……無所謂。

洪新富是誰？並不重要。重要的是，你要怎麼撰寫關於你的故事。

千萬別做洪新富的翻模，洪新富之於你，只是一個曾經聽過的代名詞，又或者是，未曾相遇的某個人。

❝享受平凡
追求不凡❞

誰是洪新富？

追求卓越

最初　我的宇宙是　一片葉子
接著　想要追求　更多　更多
終於　攀上　更高的枝頭
才發現　我　什麼都擁有
却也　什麼都沒有
且就　在燦爛中　沈睡
也好　在風中　長眠
靜待　可以　不必無奈
只需　換一種　心情

玩轉人生

讀書、工作是為了

有飯吃+玩樂

當物慾降低

生存就變得容易

多出來的時間呢？

當然是……

好好地……

大「玩」一場

無敵有愛系列一

科學紙玩

「**玩**」是生物進化的重要動能之一，小小動物的玩，長大了成了生存的技巧，若是沒有玩夠，不是餓死，就是成為食物，在物競天擇的世界裡，「**玩**」是本能，是天賦的恩賜，是物種延續的必要技能。

小時候的阿富買不起玩具，只好自己做，而最容易上手的材料就是「紙」。他從紙飛機開始，要飛得又遠又久，可不是簡單的，要先把紙張裁得正，線條要摺得直、對稱……方法、步驟都很講究……，在不斷的墜機中學會改進、調整，建立起最初的一套具科學性的 SOP，那時他四歲。他告訴所有人，長大要當「科學家」，要發明很多有趣好玩的東西，當別人說他在作白日夢時，他已經開始用紙張做「發明」了。

小學的阿富是有名的「勞作大王」，同伴的玩具、老師的教具都是阿富的訂單，為了讓東西更好玩，他發現「十萬個為什麼」裡有好問題，也有解答，「每日一問」是阿富給老師的作業，一直「以考倒老師為己任」的阿富，讓教過他的老師「痛不欲生」，沒教到他的老師「遺憾終身」，也因此阿富的所學都是為了「用」。

數學、物理、化學、生物……都不再只是應付聯考的科目，而是可以做出更有趣的玩具的必需品。為了「玩」阿富「樂於學」，儘管父母看的他整天都在玩、做勞作、看課外書……就是沒看到他念學校課本、寫作業。

「玩」得好，必需具備：「好奇的眼」、「愛動的手」、「追求更好的決心」、更重要的是期待「分享的態度」，只要具備以上的條件，哪怕只是一張紙，都能玩得很開心。阿富用紙張築夢，不想只有自己玩，於是將「玩具」的概念加入紙藝，能動的玩具一定具有對應的物理原理及現象，（而這些在小學、國中我們早已學過，只是隨著考完聯考便毫不猶豫還給老師了！）只要加以應用變化，透過紙張都能創作出，好玩的東西。

「科學紙玩系列」成了阿富記錄、分享故事的媒介，「為何而做」永遠比「怎麼做」更重要，每件作品都有著不同的故事，一開始只是創作者的故事，當你參與後，也會成為你（妳）的故事。

鱟＋彈塗魚＋寄居蟹——
潮間三寶

鱟／鋼盔魚

| 科學原理 |
地心引力＋摩擦力
＋慣性運動

| 玩法 |
配上彈珠後滑行
（同彈珠鼠）

那故事

「刪海經」是記錄片導演洪淳修
花了幾年時間爲「鱟」所拍攝的記錄片
阿富被傻瓜所感動，決定加入行癡的行列
要讓每個看過「刪海經」的朋友都能把「鱟」帶回家
以趣味創意的方式分享
讓感動延續、散播

雖然沒有經費支助，雖然沒有訂單可以回收
總得有個開頭，那就扶風來贊助吧！
反正賺錢就是要花的嘛！

動機是單純的，作品就不要再上色了
讓造型簡化直接、色彩就留給想像吧！

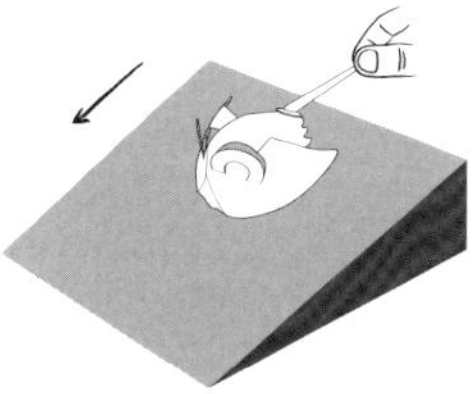

設計二三事

鱟的動作不大，匍匐地在沙地上爬行前進
這動作接近貼地滑行
而「彈珠老鼠」的概念正是如此
起初以寫實爲主，但，難做，不夠 Q

NG、NG、……再 NG
群衆要的是可愛，好做又有趣……
歸零再出發，這才做出符合期待的作品
量產需要基本量，而彈珠鱟只有 64 開
一開印至少 8000 隻
太多了，一時用不完
那就把寄居蟹、彈塗魚一起湊單生產吧！
於是「潮間三寶」問世了

彈塗魚

| 科學原理 |

槓桿原理＋
慣性運動

| 玩法 |

敲擊頭部
跳躍翻滾

設計二三事

彈塗魚是靠著收縮肌肉產生彈跳
可是紙張，做不到
幾經思考，那就用槓桿原理的現象
以短的力矩帶動長的力矩
瞬間加速，產生慣性拋投
只要輕輕一敲
彈塗魚便在潮間帶彈跳了起來

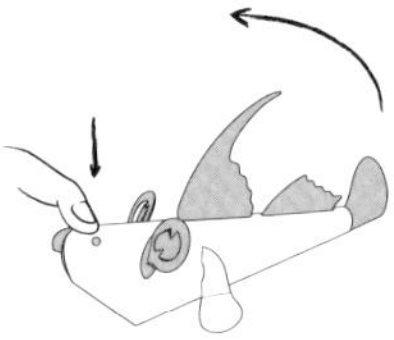

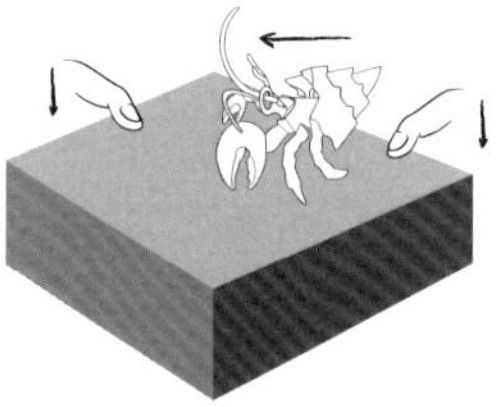

寄居蟹

| 科學原理 |

彈力＋摩擦力

| 玩法 |

敲擊平台
震動前行

設計二三事

寄居蟹背著借來的「家」走路
造型可愛逗趣，本身的結構細緻
不適合強加外力產生動作，那就用環境給予動力
只要放在可振動的箱盒上，利用敲動時
產生的傳動力量，賦予寄居蟹前進的動力
「山不轉，路轉」是設計的另一個小竅門喔！

寄居

好像沒有什麼是
永恆的
春天　看花
夏天　聽海
秋天　吹風
冬天　睡覺
日復一日
年復一年

傻瓜們的行動——
中華白海豚

｜科學原理｜

地心引力＋摩擦力

｜玩法｜

配上彈珠後滑行
（同彈珠鼠）

那故事

朋友招待阿富在麥寮的海上漂了一整天
爲的是親眼目睹傳說中的「媽祖魚」——中華白海豚
一整天看不到幾隻，才驚覺中華白海豚即將滅絕！

「能做些什麼呢？」
阿富設計量產了中華白海豚
捐了幾千隻讓參與中華白海豚保護運動的夥伴
都能帶著小小的創意品，分享給更多的人知道
其實，我們可以爲這世界做點什麼的！

中華白海豚就應該悠游於海上
而我們只要在「白海豚」的底部加上彈珠一樣
可以讓白海豚滑行游動在你的桌上！

「把生態留在自然，感動與創意留給自己！」

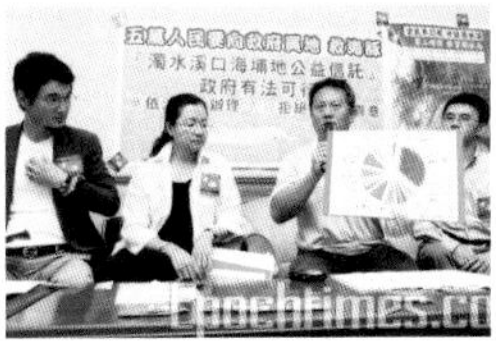

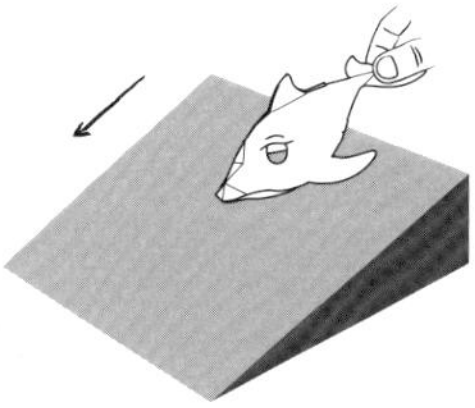

白海豚保護運動。

圖片提供／恩吉歐社會企業股份有限公司

手掌上的驚奇——
海洋組

那故事

又要馬兒好，又要馬兒不吃草，是業界的常態
一分錢一分貨是必然的道理，在這中間如何取捨
如何花一塊錢，能有十塊錢的效果
常是客戶給阿富的考題

什麼都可以減，唯一不減的是快樂與分享的心
而「海洋系列」就是這樣誕生出來的

跳跳蝦

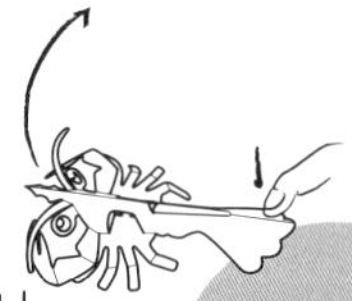

｜科學原理｜
槓桿原理＋
慣性運動

｜玩法｜
跳躍翻滾

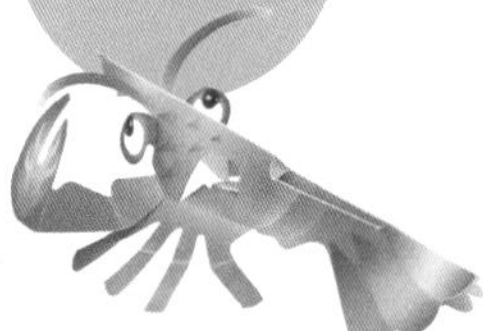

嘎嘎蟹

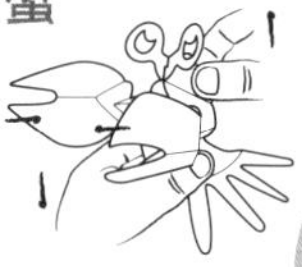

｜科學原理｜
機械運動

｜玩法｜
夾合

溜溜龜

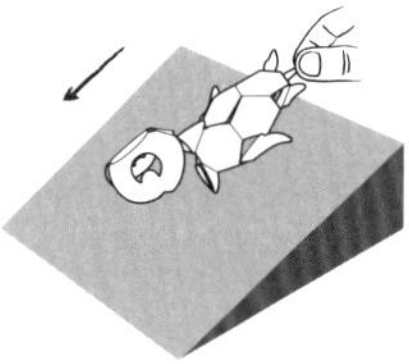

｜科學原理｜
地吸引力＋
摩擦力

｜玩法｜
滑行

跳舞章魚

｜科學原理｜
彈力＋摩擦力

｜玩法｜
旋轉跳舞

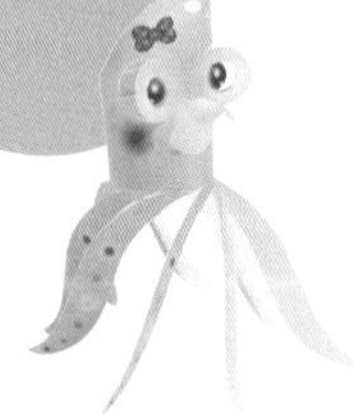

設計二三事

每一種生物都有牠的生態習性及動作
針對動態特質，尋找合適的科學現象，配對簡化
成了設計的重點與挑戰
只要有心，沒有解決不了的問題

刻畫童年的喜悅——
啄木鳥

設計上所提供的固定距離，使啄木鳥產生周而復始的連環運動，此一運動是一種能量釋放的現象，如同地震般的能量釋放，有固定的頻率，速率可被控制，因此也可作為一種計時工具。

｜科學原理｜

地心引力＋摩擦力
＋慣性運動

｜玩法｜

向下擺盪的
連環運動

那故事

阿富為了玩尪仔仙
拆了弓弦上的塑膠玩具小魚
結果——「被退貨」
因為牠的口是管狀而不是環狀的……>人<
從此，阿富再也沒有看過那玩具了
那年他六歲

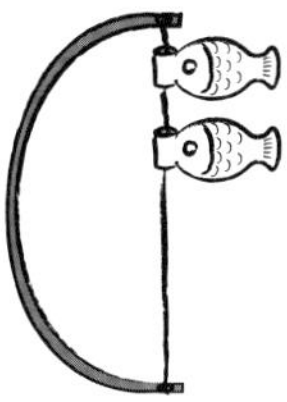

有一天在紙藝研究班的教學
阿富要大家帶著自己可動的玩具
來班上分享、即興創作
眼看分享來源即將枯竭
阿富想起了兒時的那件「玩具」

他開始嘗試還原那份美好
幾經發現、修改、簡化、再創作
終於重現了兒時記憶
同時也將魚兒改造成啄木鳥
以手代弓，更易操作
至於上下的兩個拉環
則是在朋友的提問下所設計出來的
阿富不厲害，只是很愛玩，加上好勝心作祟
只要有人提問，一定要設法找到解答
啄木鳥的量產，不但圓了兒時的遺憾
同時又開啟了許多人的想像！

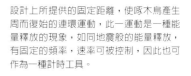

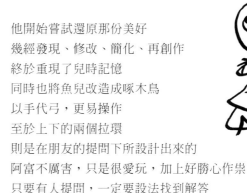

設計二三事

最初，阿富利用棉線、吸管和紙片，做出原型
但是要在商品中加入吸管，恐怕很難量產

盯著那截短短的吸管他整整想了一個禮拜
才發現了取代吸管的方法

因爲吸管的本身並不重要
重要的是存在於這之間的距離
於是他利用了紙張打洞
加上那不可或缺的距離
成功讓啄木鳥在棉線上　開始啄了起來

就這樣，簡化了材料、加工難度
終於又有一件有趣的紙玩問世了

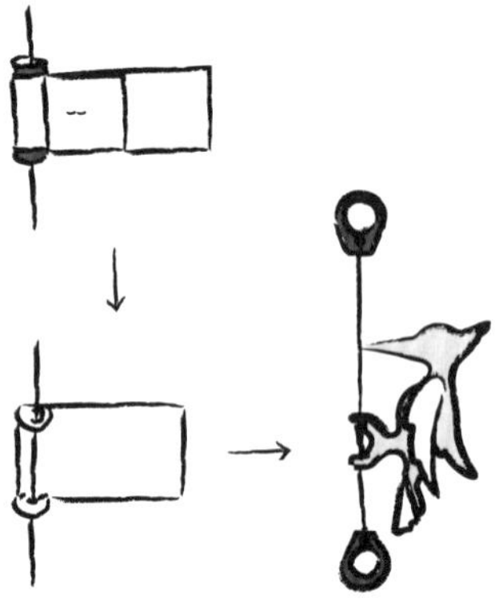

一眨眼小常識

以此一概念設計出的玩具在許多國家都有出現過的身影，他們已各種樣貌滯留在人們兒時的記憶中，最早為其定名的卻是日本，稱此一玩具為「鯛釣り」。

憂鬱症的剋星——
上上籤竹蜻蜓

2008 年尼加拉瓜與孩子們一起起飛。

竹蜻蜓

| 科學原理 |
風力

| 玩法 |
雙手摩擦轉動
隨風力起飛

徒手製作的竹蜻蜓。

那故事

1993 年「兒童天地」開錄前兩小時
阿富接到急電：「另一位老師到不了了」
阿富手上半小時的錄影教學，要設法拉到一小時……
邊泡澡，想一想……
今天的主題是「風力」：
風車、飛機、降落傘……竹蜻蜓
要隨手取材，又要容易完成，還要好玩……

竹蜻蜓很好玩，但得削竹子、又得鑽孔固定、還得平衡呢！
牛乳盒紙張可以做出扇頁，吸管可以做轉心
至於固定吸管？……就用釘書機吧！
馬上做實驗，馬上做，立即引起轟動

台北霞海城隍廟與群眾互動。

阿富的竹蜻蜓，飛進了全國的家中
飛出了臺灣，在世界各地起飛

2008 年阿富受邀在德國柏林展演
有一位德國心理治療師，帶著病人復健
意外發現阿富的竹蜻蜓
帶給不愛笑的德國人笑容
好奇心的驅使下
做了三天的志工，偷偷統計下了個結論：
「竹蜻蜓可以治療憂鬱症」。

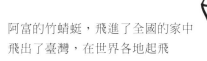

設計二三事

阿富利用人體的黃金比例
創造了一套製作口訣
「<u>食指的形狀（長半橢圓形）</u>×
<u>微笑的長度（吸管的長度）</u>×
<u>讚的寬度（吸管剪開的深度）</u>」

簡單、方便、輕鬆上手又安全
重點是好記
之後只要依照個人習慣
慣用右手可將面對自己扇頁都往右摺，左手反之
雙手一搓，竹蜻蜓就飛上天際了

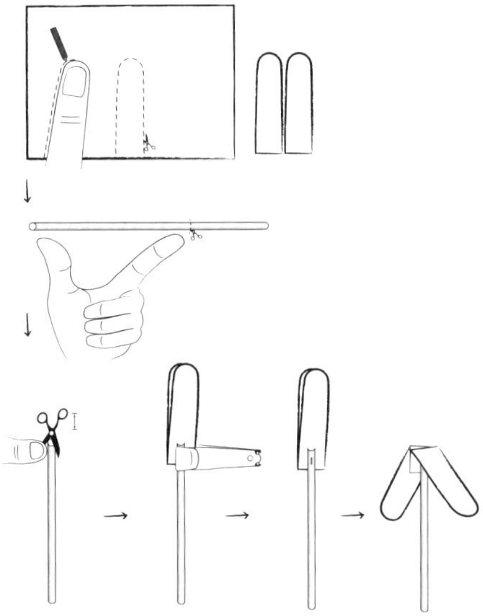

上上籤

設計二三事

就決定是「上上籤」了！

竹蜻蜓轉呀「賺」，飛得高高「步步高昇」
都是好寓意、好兆頭，是過年送人最好的禮物
不想被當小玩意，那就動動腦想個好名字吧！

阿富出動全公司伙伴
請客吃飯時動動腦，在嬉鬧間想到：
每到過年，臺灣人爲求新年好運勢
總會到廟裡求一支上上籤
那麼，就決定是你了！「**上上籤！**」

那天，他們將竹蜻蜓起了名字，註了冊
從此竹蜻蜓從「玩具」
提升到「**文創**」！

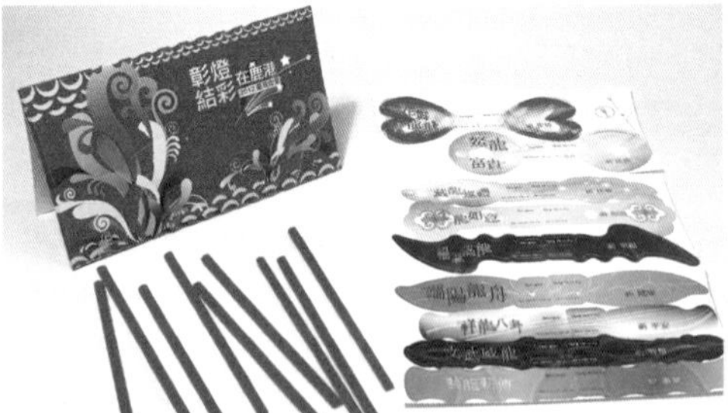

2012（龍年），臺灣燈會在鹿港。紅包福袋，翻開紅包袋就會看見九支分別代表著不同祝福的上上籤。紅包袋在翻開後則成了上上籤的底座。裡面的九支籤為祈求健康、富貴、快樂、智慧、如意、平安、愛情、幸福和高昇設計成竹蜻蜓，象徵著所有的祝福都將在新的一年中起飛！

留住感動，舞出精彩——
桐花飛呀飛

｜科學原理｜

離心力＋慣性運動
＋流體力學

｜玩法｜

螺旋飛行

設計二三事

2002 那一年
阿富帶著家人到苗栗勝興車站賞螢
路過桐花林，一陣風吹來
小路上下起了桐花雨
熄了火、停了車、摟著老婆、抱著孩子
享受著那一刻的浪漫

幾年後，新竹縣立文化中心
要他以「桐花」爲主題做裝置藝術
他想起了那一刻的浪漫
要桐花飄下，先要將桐花送上天空
那就用竹蜻蜓的概念
於是「桐花飛」飛出了記憶
分享了臺灣五月雪的浪漫
傳遞了故鄉對遊子的呼喚

櫻花飛是繼桐花飛之後記錄
三月櫻花春曉所做的作品。

桐花飛除了可以如竹蜻蜓般飛出
飄落，也可以吊掛的方式做裝置藝術
透過光線投射出層層疊疊的花影
高低錯落，遠近迷濛，如幻似夢
天空高掛著桐花
伴著地面搖曳的花影
步入展出空間，就好像再次回到了記憶中的桐花林

手指擂台——
偶依戲

野台戲是阿富小時候最愛參加的活動，小小舞台有看不膩的故事與演義是早年臺灣人共同的美好回憶。

｜科學原理｜

彈力＋摩擦力

｜玩法｜

敲打台面產生震動
偶人依循震動
旋轉往前

那故事

「給我一個買的理由吧！」

盯著眼前不怎麼起眼的人偶工藝品
納悶著它的魅力到底在哪
店員將人偶放在紙箱上
敲了兩下
人偶即開始手舞足蹈了起來

二話不說，立刻掏錢買單
回家後發現底部有簽名「白大成」
而周遭有一圈短短的斜向豬鬃
放在能震動的枱子上，便能定向旋轉

這眞是太有趣了，値得研究、分享
多年後在「老北京工藝」書裡才發現
原來「撿到寶了」

設計二三事

花了八年的時間
才找到了用紙張改造「鬃人」的方法
阿富選擇了——《樊梨花與薛丁山》作爲主題
不是「你死我活」而是「打情罵俏」
加上了紙做的野台
設計出這件活潑可愛的臺灣戲劇代表作品
總要有個有趣特別的名字吧！
在動腦的餐會中，有人對美食發出了
「啊～喔依係！好吃耶！」

「喔依係！」靈光一閃
偶．依．戲——因而誕生了

- 用中文解讀，是人偶依附在戲中的涵義
- 用日語解讀，就是代表一場文化饗宴
- 用閩南語解讀，吼伊係，給他死！
  大聲喊出來，有種打架的感覺

三種語言的解讀
同時代表著臺灣的文化
歷經三種不同時期的洗禮

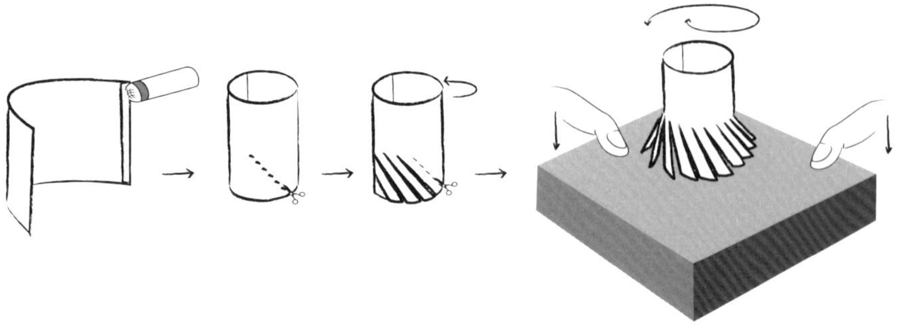

一眨眼小常識

北京鬃人：「鬃人」為中國民間傳統藝術品，古時候將其至於銅盤中，敲打銅盤，鬃人就會因著震動開始轉動，又稱為盤中戲。「鬃」取自人偶下方的材質為豬鬃而得名。「鬃人白」則是白大成先生冠上自己姓氏而來的作品名。

偶依戲　活靈活現
戲隨人　悲歡離合
人靠戲　流傳千古
戲因偶　發光發熱

從傳統文化再出發——
科學十二生肖

那故事

你不見得記得哪年生，卻記得生肖屬什麼！
生肖是華人最重要的文化資產
卻只是停留在圖騰記事
阿富第二次到日本，剛好是新曆年
看著滿坑滿谷的生肖產品
充滿年節的氣氛
人家把生肖做成產業，而我們呢？
既然要做，就要來點不一樣的！

彈珠鼠、飛天龍、跳躍兔是已做過的設計
至於其他的也要依照生態屬性
配合不同的科學原理現象來發展
既要有特色，又要能協調
修修改改了三年多
才完成全球第一套科學十二生肖紙玩
讓孩子又能夠從遊玩中觀察生態、理解科學
同時又能認同自己的文化

溜溜鼠
Sliding Mouse

｜科學原理｜
地心引力＋摩擦力＋慣性運動

｜玩法｜
配上彈珠後滑行

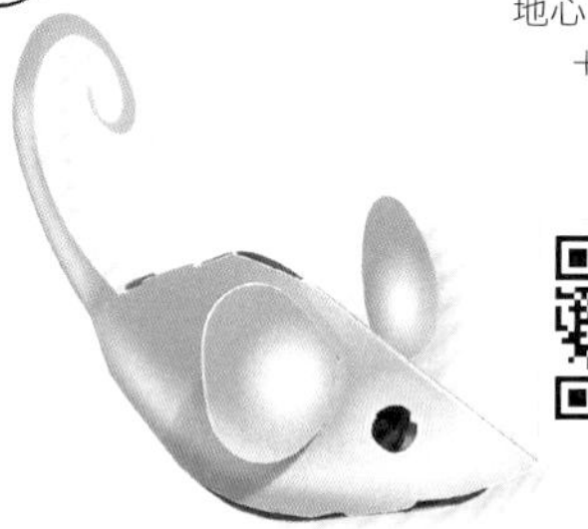

哈欠虎
Yawing Tiger

｜科學原理｜
機械連動

｜玩法｜
向外拉動臉頰＝打哈欠／向外拉動前腿＝打瞌睡

奔跑牛
Running Cattle

｜科學原理｜
彈力＋重力＋摩擦力

｜玩法｜
敲打台面產生震動 牛隨著震動往前衝刺

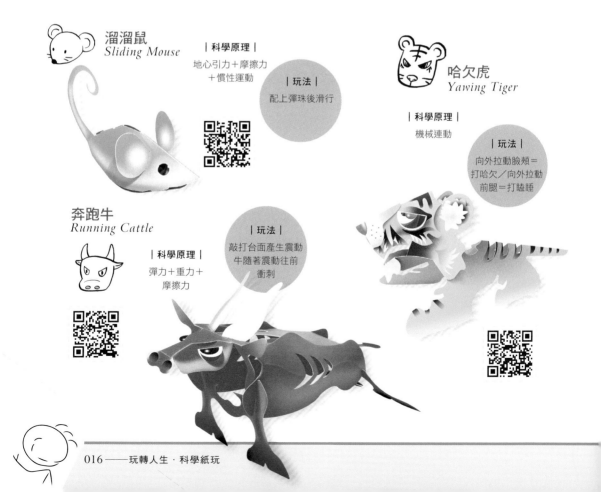

跳跳兔
Bouncing Rabbit

| 科學原理 |

彈力＋慣性運動

| 玩法 |

跳躍翻身

飛天龍
Soaring Dragon

| 科學原理 |

機械連動

| 玩法 |

往前拉手臂，
翅膀會跟著拍動

前進蛇
Sneaking Snake

|科學原理|

機械連動

|玩法|

雙手夾緊蛇身兩側前後移動，蛇身跟著扭動；雙手拉動胸部兩側舌片，即做出吐信攻擊的動作

特技馬
Somersaulting Horse

|科學原理|

槓桿原理＋慣性運動

|玩法|

用食指往上撥動馬尾，馬身具有轉心因而翻轉回正

翻滾羊
Tumbling Sheep

|科學原理|

槓桿原理

|玩法|

敲擊羊屁股，羊身即跳躍翻轉，後空翻

拍手猴
Clapping Monkey

|科學原理|

機械連動＋慣性運動

|玩法|

快速來回拉動臂部與肩膀，猴子就會拍起手

學飛雞
Fluttering Rooster

｜科學原理｜

機械連動

｜玩法｜

前後來回拉動頭部與尾巴，翅膀隨之拍動

汪汪狗
Barking Dog

｜科學原理｜

機械連動

｜玩法｜

前後拉動前腳與背部，隨之抬頭汪汪叫

搖擺豬
Swinging Pig

｜科學原理｜

彈力＋摩擦力＋地心引力

｜玩法｜

將搖擺豬放置向下傾斜的台面，即自動搖擺向前

爲了讓豬走路
阿富花了好幾年時間
才想到斜坡搖擺的方式
讓豬搖擺走下坡
這才完成整套的作品

甲蟲王者——
獨角仙
Hercules Beetle

獨角仙

｜科學原理｜
摩擦力＋
地心引力

｜玩法｜
左右向下拉動拉把
獨角仙向上爬行

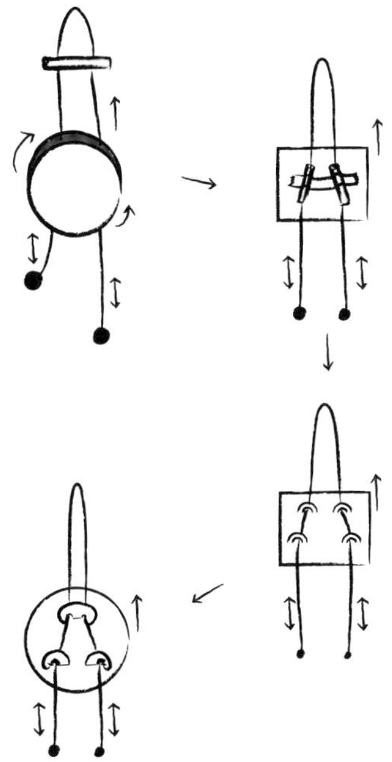

那故事

獨角仙是昆蟲終結者阿富，從小的「夢幻逸品」
想要養殖、想要觀察、想要玩！
直到長大了，才有機會接觸「活體」
看著笨拙卻有力的身軀
勇往直前的爬行，還有戰鬥時的勇猛……

阿富想到了古老的猴子爬樹木頭玩具
就用它的原理改造吧！

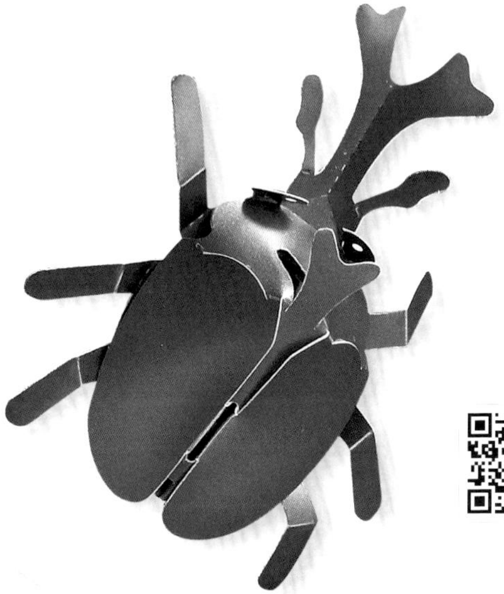

先是用吸管「八」字形的貼在紙板上改造成功
再是改良成紙片圓孔取代
爲了要能「**PK**」這圓孔被阿富改良成活扣
就這樣，不用活體戰鬥（那會有死傷的）
就用紙玩獨角仙比輸贏
試試看：誰的操控比較厲害！

科學中的小確幸

當拉動繩索時，拉緊的一端與八字孔產生較大的摩擦力，另一端則順勢上移，反複動作，獨角仙就勇往直前，衝！衝！衝！了。

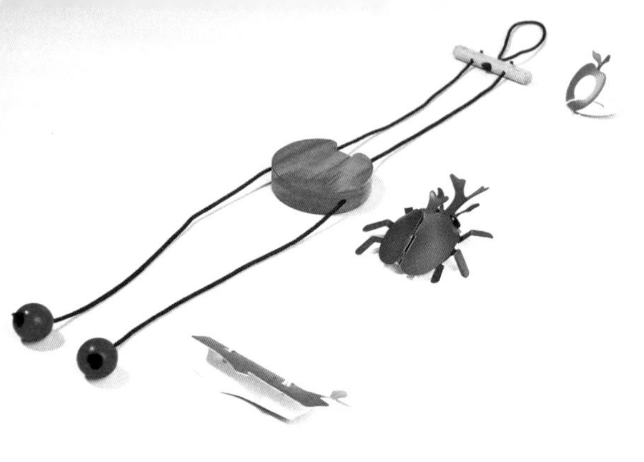

同一組線上，裝上兩隻一樣的獨角仙，互相拉扯操作繩，獨角仙，即向前衝啊……打了起來。

螃蟹橫著走

那故事

「你看！牠可以往上走，但可以來回走嗎？」
朋友一句話，再次挑動了阿富挑戰的心
經過不斷地嘗試、思考、改良
能橫著走的螃蟹，因此誕生！

｜玩法｜
左右拉動拉把，
螃蟹向左向右橫行

螃蟹橫著走，就是根據獨角仙的原理改良而來的世界首創。

解剖課的覺悟——
樹蛙家族
Frogs

| 科學原理 |

彈力＋慣性運動

| 玩法 |

按壓青蛙臀部，青蛙即往前跳躍而上

翡翠樹蛙－李凱云攝

那故事

國中的生物解剖課
班上八組中七隻青蛙是阿富動的刀……

看在手中的紙雕青蛙
就像是手術檯上待剖的青蛙
不同的是：現在改爲縫合、摺褶
僅僅四個扣，即可完成栩栩如生的樹蛙
只需將尾部彎曲按壓
彷彿有了生命，跳躍了起來
阿富不想以學習爲藉口殺生
改以觀察創作的方式推廣生態
創作本身就是學習
學會珍惜、學會關心、學會感恩

臺灣青蛙生態的多樣與豐富
即使不用動刀剖解
也能藉由分享永續下去

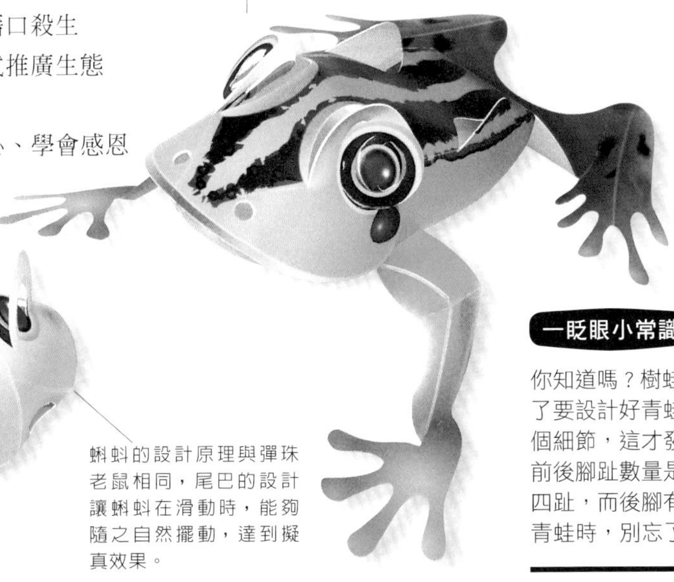

蝌蚪的設計原理與彈珠老鼠相同，尾巴的設計讓蝌蚪在滑動時，能夠隨之自然擺動，達到擬真效果。

一眨眼小常識

你知道嗎？樹蛙有幾隻腳趾？為了要設計好青蛙，一定要研究每個細節，這才發現：其實樹蛙的前後腳趾數量是不同的，前腳有四趾，而後腳有五趾，下次看到青蛙時，別忘了留心數數看吧！

臺北赤蛙、臺北樹蛙、翡翠樹蛙、諸羅樹蛙、金線蛙

科學中的小確幸

傳統的 **Z** 字型設計，做青蛙的後腿，能輕鬆跳躍，卻遺憾會翻肚落地。阿富設計的青蛙造型，在按壓青蛙後背部時，青蛙的肚子也會跟著被下壓，肚子也同時提供了彈力，在按壓後釋放彈力時，構成平衡上躍前進的擬態動作，三點力同時產生，相互平衡，力量釋放時，就成了平行跳躍前進的現象。

綁鈔條大變身．琵鷺飛呀飛——
黑面琵鷺
Black-faced Spoonbill

用紙片剪剪貼貼，琵鷺就活了起來。

科學原理	玩法
機械連動	拍動

黑面琵鷺－賴鵬智攝

那故事

在爸爸的座位旁
有用不完的紙條（綁鈔票用的）
啪！啪！啪……！
　　啪！啪！啪……！
拉斷了，再玩！
強韌的紙條，打發掉許多阿富無聊的時間
除了發出聲響還有一個不斷開閉的動作
加上翅膀成了「飛行的鳥」

創業初期
阿富靠著「創意紙玩」在報紙上寫專欄
所有好玩、能動的都要用最簡單的方式
發表在媒體上，吸引群衆動手學習
幾年後，爲了臺灣博物館臺灣生態特展
量產黑面琵鷺作爲該次展覽的紀念品
能在手上把玩飛動，引起了群衆的關注
對於黑面琵鷺的保育情況
有了更多主動探索關心的慾望

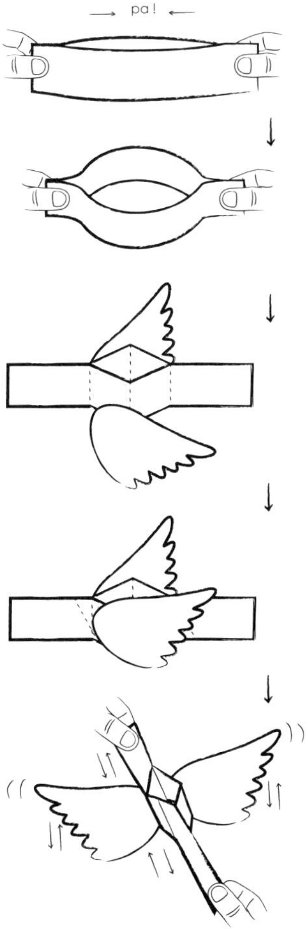

設計二三事

雖然群衆、客戶滿意
但阿富心裡總覺得還不夠
作品除了能動、可玩
還要能陳列展示，這樣才算完整
幾年後，阿富重新設計
加了底座，請工作夥伴上色
再加上邀約攝影師的生態照片
這才算完整
不要等人嫌不夠
設計師應有更高的自我要求

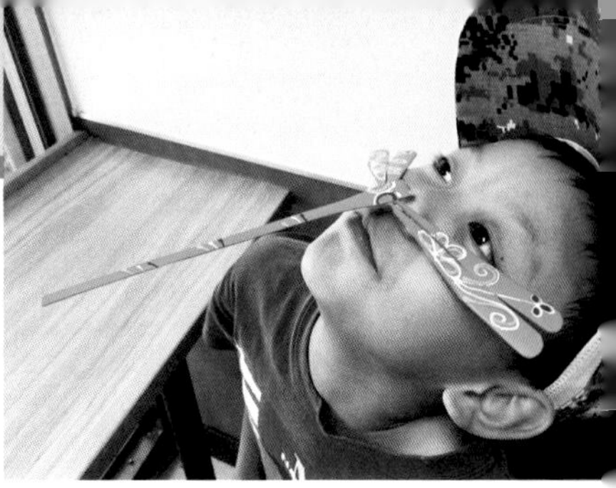

在老街買的進口平衡蜻蜓，
原來用鼻子也可以頂著玩！

枝頭上的不倒翁——
平衡蜻蜓

｜科學原理｜

平衡

｜玩法｜

蜻蜓胸口的支點，落在翅膀及尾巴所構成的重心區，改變支點即改變平衡的角度

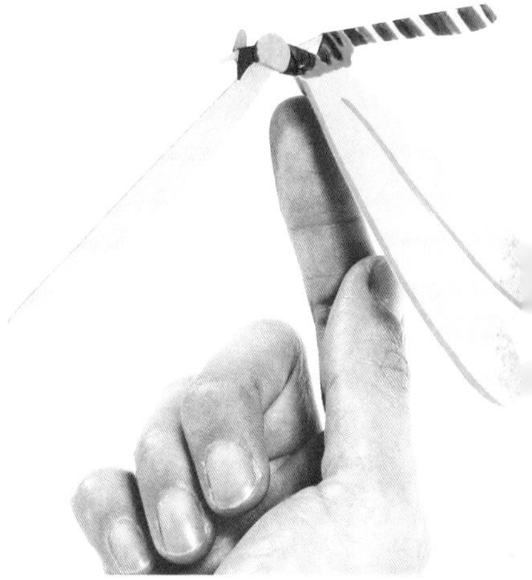

平衡蜻蜓是 1994 年，阿富於中國時報聯載中的一件作品，而現今的版本是經改造後的臺灣無霸勾蜓，為臺灣最具代表也是最大的蜻蜓種類。

那故事

要摺好紙，「對稱」很重要
要摺好紙飛機，「平衡」更重要
從小玩紙的阿富找到了規律與捷徑
小學勞作課要做平衡玩具時
用一根鐵絲，中間摺個小“V“
再將兩端拉長下垂，重心下移
支點在上，便是平衡玩具了

放在筆頭，像不倒翁搖搖晃晃
就是不掉下來
夜市裡賣的平衡鳥，讓阿富想到了
池塘旁的蜻蜓，雖然不用鐵絲
依然可以用一樣的概念玩起來

科學中的小確幸

要讓一隻不起眼的紙蜻蜓，在各種支點不斷晃動下依舊保持平衡，其實並不困難，只要讓翅膀兩邊和尾巴的重力相等，也就是在三點構成的三角形中，找到重心點，利用紙張往內摺出三角傾斜的中心支點，就能輕鬆平衡不掉落。而這巧妙設計出的斜摺處，每改變斜度，就會改變支點的比例，平衡角度也會跟著改變，始終保持不變的，就是它與生俱來的特質：平衡。

無霸鉤蜓－張宏葦攝

設計二三事

要分享，就要設法量產
但是單單紙片蜻蜓，只能放在指尖玩
未免太混了！很難賣出去……

那就做出專屬展示平台吧！
蜻蜓總愛停在水面浮枝上
微風輕吹，隨風搖曳，漣漪四散
這正是阿富對自然中蜻蜓的特寫了

夕陽・午後・微風
枝頭・小憩・一天

端午節的主角──
划龍舟

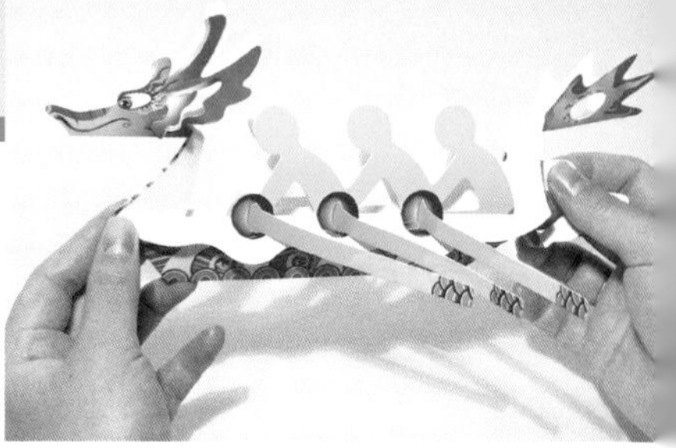

不用呼朋引伴，只要抓住船頭船尾，前後推拉，便可以參加龍舟賽了。

| 科學原理 |

浮力／機械連動

| 玩法 |

放置水上可漂浮滑行／往前推動底座船員即開始划槳

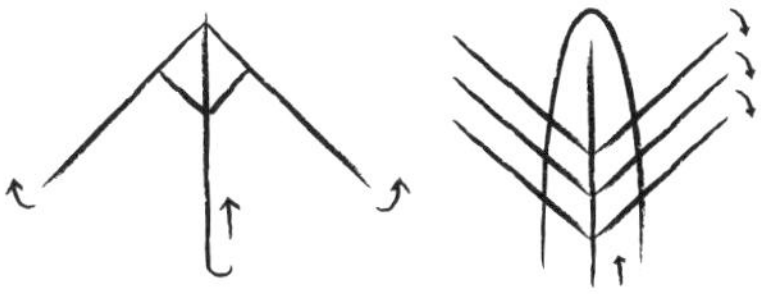

那故事

吼嘿吼！吼嘿吼！……
到了端午節，吃粽子、立蛋、用艾草洗香香……
還有縫香包，外婆的巧手最會縫小虎爺
阿富吵著戴、到處秀、耍帥帥
划龍舟，更是重頭戲
戰鼓咚！咚！好想要當槳手！
　　　　　好想要當旗手！
　　　　　好想要奪標喔！
那就自己動手做龍舟吧！

先要齊心協力，再要能浮水
一修再修，一改再改
終於能出航，控在手上，航在水上，駛向全世界！

第一代的划龍舟，入水即沉。

原來沒下水，也可以玩得很 **High**。

改良後的划龍舟，就可以在水上漂了。

設計二三事

關於龍舟
「留白」
凸顯了紙雕塑的形態之美
上了太多的顏色
就會失去它最眞實的魅力
少點顏色
少點油墨
多點環保

而設計最爲困難的地方
在於組扣划槳以及船隻時
扣點的位置
穿孔之間的高度以及紙張的彈力
都必須精準地計算進去
才能順利組裝並順利的產生連動

科學中的小確幸

雨傘在開傘時，緊握傘柄，傘頭往上推，傘骨連動，就會被撐開來，原理是利用位差產生連動，阿富將圓形放射狀的位差，轉換成平行位差，成功設計出龍舟的滑行動作雛形。

海面上的精靈——
飛魚
Flying Fish Crested Tern

| 科學原理 |
機械連動

| 玩法 |
拉動飛魚腹鰭，
左右魚鰭拍打

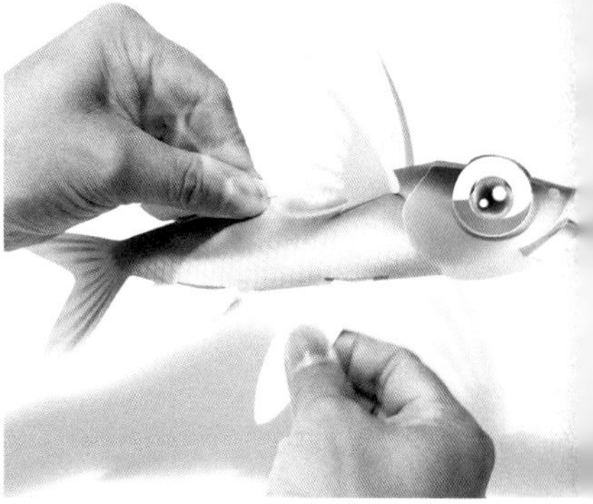

上／我是真的飛魚喔！盧妍均攝。
下／既然身為一隻飛魚，當然要奮力拍翅往前飛躍，抓著背鰭、拉動腹鰭，任誰也追不上我。

那故事

「飛魚　其實　離不開　海洋」
在捕魚人將飛魚捕上岸的那一刻起
不用一分鐘便會死去
曾經試圖將飛魚放回海洋
卻只能眼睜睜地看著飛魚翻肚死亡

還記得，在五月的某一個晚上
登上了達悟族人的捕漁船
船行在黑暗靜謐的海面上
在強光的照耀下
飛魚本能地往船邊趨光匯集
只需一張手撈網
便可以將飛魚撈上船

需要多少，撈捕多少
不用拖網撈盡，感恩永續！
阿富見識到的
是達悟族人僅取所需的生存態度
成就了充滿驚奇的生態之旅

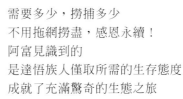

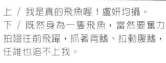

在飛魚上方加入吊環，除了放在桌上展示，也可以利用細線，將飛魚垂掛。佈展時，時常將一隻隻的飛魚垂掛天花板，參觀的人一進入展場內，就會看見飛魚，跟著一起，起飛了。

設計二三事

躍出水面，快速拍動前鰭
貼水飛行，飛魚令人驚艷
其演化而來誇張的前鰭是設計飛魚的重點
利用簡單的機械連動，加上槓桿原理
以小拉扯做出大的飛行動作
正是設計關鍵
加上生態特徵考據以及展示的底座
還有額外的吊孔
阿富的飛魚，可動、可擺、可吊飾
不怕離水，可以到處玩

「學習、理解、內化、關懷、再出發。」
洪新富用行動實踐
成功翻轉冷硬的科學知識
讓擠滿我們生活周遭的生活小知識
變得更加親民
那麼下一步
他要為原住民服務
讓原住民的文化也成為親民的討喜作品

無敵有愛系列二

原住民系列

臺灣文化的代表是什麼？這個「問題」成了洪新富的「考題」。太多的文化拼湊不出一個具體的樣貌，唯一可以肯定的是：**臺灣的原住民文化具有獨特的不可取代性！**

為了一次又一次，「讓世界看見臺灣」他走訪部落，虔誠地蒐集著得來不易的原住民智慧，企圖用創意，分享關於原住民的美好傳說。

踏上蘭嶼的瞬間，「達悟」 — 不再陌生。天、海、飛魚，再加上樂天知足的靈魂，輕輕地、悄悄地，不想成為張揚、掠奪的入侵者，只想在悸動蔓延全身之後，靜靜地融入，成為彼此生命中的「養分」。

摯交的延續——
拼板舟

那故事

兩個傻瓜的故事：
一個免費導遊與一個蘭嶼觀光客的碰撞
「我免費當你的蘭嶼專屬導遊，
離開後，可以為蘭嶼創作嗎？」
「這就是我來到這裡的原因呀！」

一面之雅，竟成莫逆
阿富每每說起蘭嶼的故事
便會提起一位特別的朋友
這位朋友是來自蘭嶼蘭恩育幼院的黃明道
他不但是懸絲偶創作的藝術家
同時也是蘭嶼地區的文史工作者
一個漢人愛上了蘭嶼，從此再也離不開蘭嶼

「在明道兄的帶領下夜訪嘟嘟烏（蘭嶼角鴞）
在馬路上救了椰子蟹
參觀民宅地下屋
驚艷珠光鳳蝶的羽化
聽聞達悟族人的禁忌與傳說
細究拼板舟的典故與製作
還有關於飛魚的故事與美食
深深敬佩達悟先民的智慧與用心
汗顏自己原先遠觀的粗鄙認知
於是打定主意
要將默默堅持生態永續
和諧共存的達悟文化
分享給全世界
而『拼板舟』
正是最具代表性的文化標的。」

——洪新富

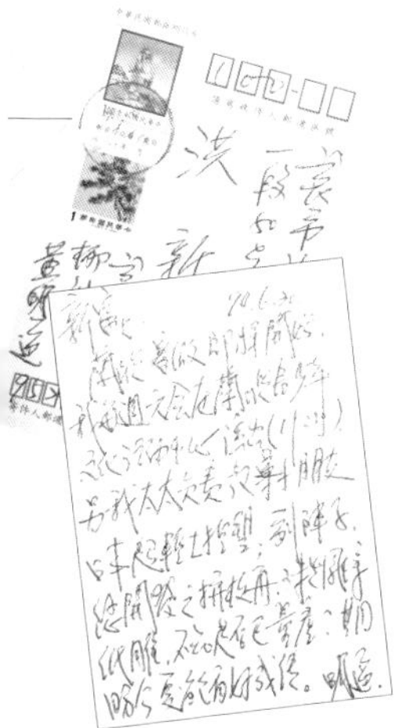

離開蘭嶼後
阿富迫不及待地開始著手設計
在歷經無數次的打槍之後
終於取得族裡長老們的認同
授權量化生產拼板舟
極欲分享的喜悅
卻在將成品寄給黃明道之後消失了
遲遲未回的音訊
直到一通電話下
才知道明道兄得了猛爆性肝炎
走了
臨走前仍念念不忘
囑託自己的妻子一定要協助洪新富
將這項文化推廣出去
從此這小小的船隻上
乘載著的不僅是達悟族人的文化
更是對已逝摯友的紀念與承諾
承諾
要將這份祝福用拼板舟
傳遞到世界各地

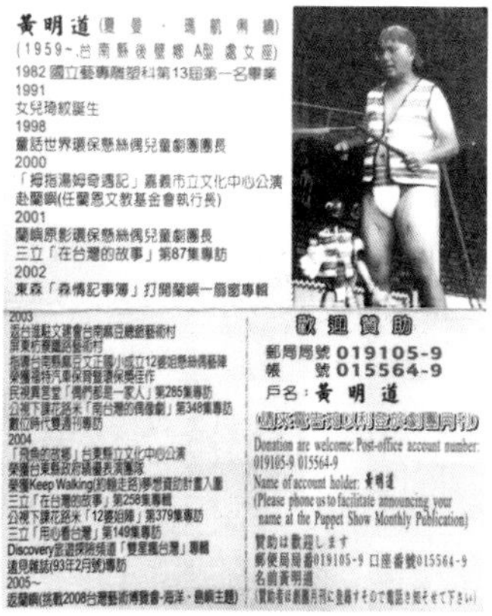

拼板舟是以划龍舟為雛形，再加上修改而成。

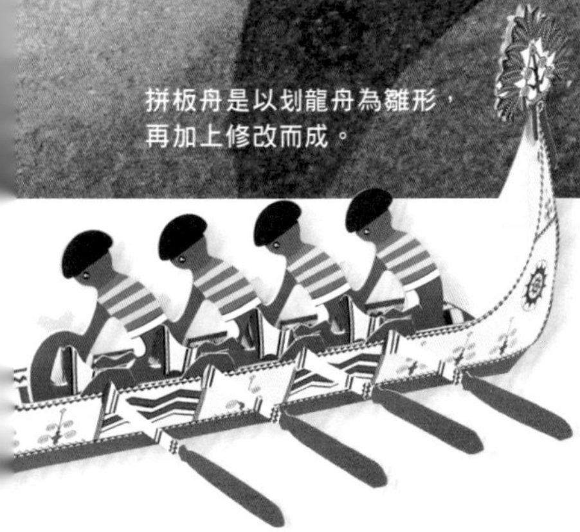

設計二三事

設計的雛型是科學系列中的划龍舟
一開始將拼板舟
設計出三個頭戴銀盔、身穿背心的達悟族族人
劈哩啪啦
當黃道明將阿富的初稿拿給各族長老過目時
卻被批得千瘡百孔
原來拼板舟裡蘊藏著許多不爲外人道的古老智慧
同時少不了許多代表著族人精神的細節

一眨眼小常識

亮點一：船頭與船尾皆有「船杖」，族人夜晚出海捕魚時，用以點火吸引魚群接近的重要工具，另外，達悟族人也深信若是沒有船杖，就代表沒有祖靈保佑，族人是不敢出海的。

亮點二：拼板舟應前後都有「船眼」，達悟族尊崇他們的祖先，深信祖先帶著族人來到蘭嶼這美麗的土地上，並教導與傳承族人許多生活的技術與古老的智慧，因此將象徵著祖先的眼睛畫在船隻上，表示祖先保佑著出海的族人們。

亮點三：族人們在出海時不會頭戴銀盔，達悟族只會在兩種情況下會穿戴，一為婚喪喜慶，二為作戰之時。因此阿富將划船的族人改為傳統的西瓜皮髮型。

亮點四：另外，族人出海時的衣服為藍灰藍灰交織的橫條背心與丁字褲。

亮點五：最大出海禁忌之一，達悟族認為三個人出海是不吉利的，船上的人數最好是 1、2、4、6、8、10、20 等幾個組合，看似迷信的觀念其實卻深藏老祖宗的智慧，因為這些人數事實上是船上工作分配最適切的人數。因此阿富將自己所設計的船員給為四人。

我是台灣族——
原住民頭套

此款專為洪新富出國做推廣教於時所戴的頭套，在正中間特地別上了印有 **"Taiwan"** 的別針。

那故事

大部分的臺灣人
除了祖先多是從大陸移民來臺外
也多少混有臺灣原住民的血統
阿富的「開臺祖」到了六十歲才娶到平埔族的姑娘
到阿富已是第八代了
原住民文化是臺灣文化最重要的養分與瑰寶
有著獨特又不可取代的魅力
而頭套正是認識原住民文化最直觀的介質了

經由與順益原住民博物館合作
阿富才得以設計量產出「臺灣族」頭套
在遊走世界各地展覽、教學時
成爲必備的「行頭」
阿富要透過分享及影像告訴世界：
「我，來自臺灣。」

"No, No, No, I have only one!"
阿富操著一口破爛英文
在 2008 年的那場舊金山園遊會上
試圖向一位不斷指著他的外國人解釋
自己只剩下戴在頭上的這頂頭套了
不能送出去
但是看著眼前這位高大的外國人開始翻找著
從身上掏出各種東西
糖果、打火機、鑰匙圈
"Change!Change!"
像個大男孩般急切地想要得到那頂頭套
不和諧的畫面卻讓洪新富覺得有趣
不是要買，而是用誠意交換

「不換了！我送你吧！
但是你必須答應我一件事喔！」

這位外國朋友當天戴上頭套後
就再也沒有拿下來
園遊會上
炫耀、分享臺灣文化之美的魅力
成了阿富那次美國行難忘的註腳

一有機會，阿富就會將頭套帶出國、與國外友人分享，也成為了很棒的禮物。右圖為與美國洛杉磯市長合影。

設計二三事

在最小的面積內創造最大的體積！

這是阿富在設計時所追求的目標
因此許多設計上都堅持物盡其用
環保、簡單又美好
別看這精緻複雜的頭套設計
卻也是一張 A4 紙的奇蹟
透過巧妙設計的組裝方式
讓平面的設計成爲豐富的量體
外觀上也大量融入各種族群的裝飾和織紋
代表各族精神與意象
同時也顧及各個消費族群
設計出男女皆宜的外型

一眨眼小常識

① **獸牙**：勇敢的獵人，將獸肉分享族人，留下獠牙，展現「勇氣」。

② **羽飾**：有著美麗羽毛的鳥類，能存活至今，皆有過人的機警，只有傳承先民捕獵技巧的獵人，才能擁有美麗的飾羽作為「智慧」的象徵。

③ **百步蛇**：祖靈的化身。

精緻豪華款

融合十二生肖（漢人文化）、嘉年華（西方文化）、以及原住民頭套等元素。此款設計初衷在於讓西方人更容易接受與了解臺灣的整體文化，包括漢人以及原住民文化。

圓角的堅持——
原住民獵刀

那故事

「今天你的小兒子對著電視叫『爸爸』！」
2008 年四月，保母陳媽咪告訴阿富
2007 到 2009 年阿富應公共電視之邀
在原住民台錄製了 108 集「紙雕遊戲」
每一集阿富都以原住民的服飾打扮「新富獵人」
帶著來自各個原鄉部落的原住民小孩做各式好玩的生態紙玩
忙得沒有時間好好陪家人，孩子想爸爸只能看電視了……

獵刀其實是之後才設計出來的，配上原住民頭套，更讓人入戲
「殺！好膽麥造……！」留下來跟我做把刀吧！
「我不是賽德克巴萊，今天我是獵人阿富。」

刀鞘上的鏤空，是依據文物設計而成的，上方的百步蛇是排灣族祖先的化身，
刀子收於刀鞘內，掛背的過程中因有紙張的摩擦力而不會輕易掉落。

兄弟們，「出草」啦！

設計二三事

刀要像、要挺、要美……要安全！
紙張很柔韌，加上摺線可以變得硬挺
利用彈力，與刀鞘產生摩擦力
出鞘、收到都要有感
背帶用一節節的百步蛇圖騰串接
一方面可以調整長短
一方面避免拉扯
每個尖點、轉角都是圓弧
只是爲了更柔和、更安全

占卜箱，為排灣族巫師收納作法道具的箱子，內有切割祭品的祭刀、代表神靈珠子的種子和代表神靈座位的木盒。阿富皆用紙張重現內部道具，並利用多層切割和上方的提帶相互束緊組扣，作出木箱上方彈性且柔軟的布料質感。

一眨眼小常識

獵刀在原住民部落中，除了象徵社會地位和英勇威猛外，更是上山打獵不可或缺的工具。最大特色在於，原住民的刀不是鋼鍊，而是用生鐵慢慢敲打鍛造而成的，因此外觀呈現生鐵的顏色，為要忠於真實。經過幾番的修正後，才成功鎖定最逼真且獨一無二的鐵灰色。

原住民系列
是阿富抱著虔誠的心
到處訪查考據
與順益原住民博物館合作
只希望做出「原汁原味」的文化分享品！

無敵有愛系列三

動物生態系列

這是一項有了開始，就不會有結束的工程，希望藉由創作量產來做生態保育，期待來得及為那些棲息、繁衍在這片土地上的「原住民」，保留住永續的「空間」。

「用什麼來介紹臺灣？」既要有代表性，又要有絕對的不可取代性，講建築：沒有金字塔得久，沒有巴黎鐵塔來得明確，更沒有……論人文：多元文化的融合，很難有個統一的樣貌……說到物產：又常隨著世界經濟發展而改變……

臺灣的總面積雖小，但地貌多變，所孕育的生物多樣性是全世界最精采的地方，若是能用創作量產的方式來復育生態，讓更多的人可以藉由動手操作來認識這些生物的美，無需活體或標本，即可達到認知、擁有、分享、關懷……的作用，這麼有價值的事，當然需要有人堅持、投入、持之以恆來推動。

這是一項有了開始，就不會有結束的工程，希望藉由創作量產來做生態保育，期待來得及為那些棲息、繁衍在這片土地上的「原住民」，保留住永續的「空間」。

櫻花鉤吻鮭
The Formosan landlocked
salmon is a special subspecies,a
“national treasure” emerging after a
long period of evolution. The fish requires

動／物
生／態

小男孩的最愛——
昆蟲組
Insects

寬尾鳳蝶

蟲魚鳥獸

那故事

手上握著線頭
那端遛著張翅飛行的金龜子
是阿富的童年
昆蟲殺手，從不錯放
高舉補蟲網的童年
是阿富最歡樂的時光
曾幾何時，田埂鋪成了柏油馬路……
一度阿富幾乎忘了
第一次看到蝴蝶起舞的喜悅
於是
動手　不再是去擄獲生命
而是
動手　創造一件美麗作品
同時透過手作的過程
深入了解昆蟲

全世界共有七百種蝴蝶，光臺灣就有四百多種，不論是數量、密度、種類，臺灣都是最精采的，身為「蝴蝶王國」代表性的寬尾鳳蝶是一定要的啦！

林嘉智攝

七星瓢蟲－廖智安攝

洪新富攝

獨角仙

黃仕傑攝

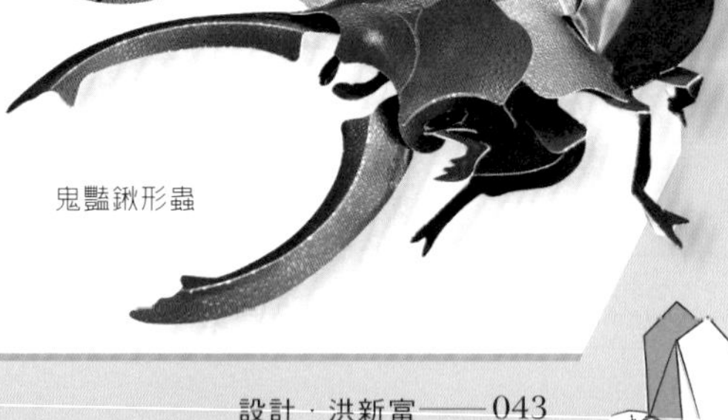

鬼豔鍬形蟲

設計二三事

爲了將昆蟲組做好
除了單紙成型外
增加昆蟲翅鞘上的質感
成了設計的挑戰
利用局部上光，產生翅鞘的亮澤
加上細部紋理的局部加印
做出擬眞昆蟲的質感
昆蟲系列一推出
馬上造成日本的轟動熱銷
簡易親民的設計
讓人三分鐘內輕鬆組裝
附上生物照片做對比
讓組裝者更能深入了解昆蟲生態

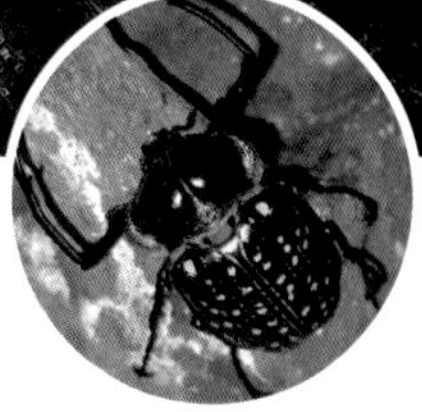

黃仕傑攝

黃仕傑攝

長臂金龜

臺灣爺蟬

基於保育的出發點，阿富又在昆蟲系列中加入臺灣爺蟬，經過嚴謹的設計過程，細緻度與擬真效果皆相當成功，爺蟬的口器刻劃就是最佳的證明。

做了兩年的司機，跟著蟲友，半夜在深山裡轉啊轉，直見到本尊，才發現所有想像不及親眼目睹，來得震撼與感動！

到了夏天，又是抓蟲的季節，可是一張網，就有人來關切，
還是乖乖地做好紙雕昆蟲，帶出野地外拍，過過乾癮！

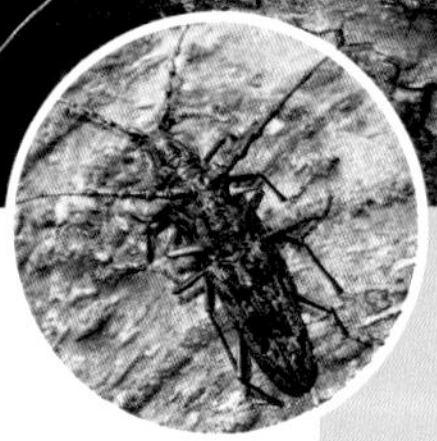

黃仕傑攝

虹彩叩頭蟲

廖智安攝

新聞報導的啓示——
螢火蟲提燈
Firefly

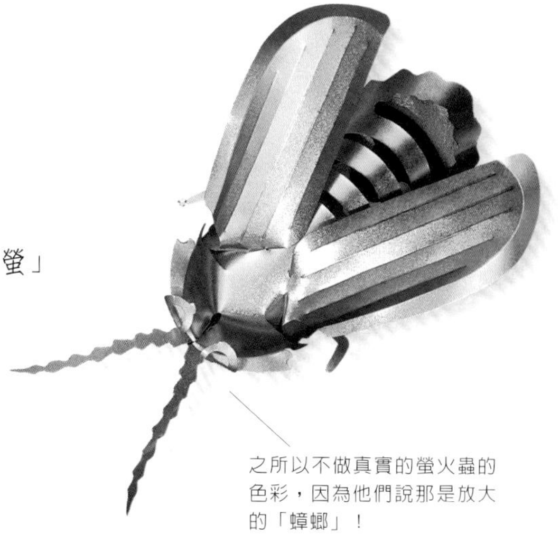

之所以不做真實的螢火蟲的色彩，因為他們說那是放大的「蟑螂」！

那故事

「螢火點點美不勝收，歡迎攜老扶幼共同賞螢」

1998 年的 4 月花蓮鯉魚潭的螢火蟲復育成功
電視新聞畫面中出現斗大的標題
歡欣鼓舞地傳送這個好消息
隔週「愛牠請不要把牠帶回家！」

某天中午，主播收起笑容
義正嚴詞的呼籲遊客不要再抓螢火蟲了！

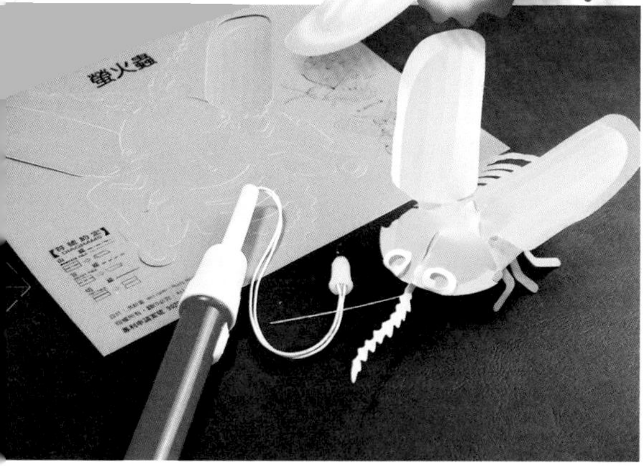

阿富捫心自問
如果自己到了鯉魚潭，會不會抓螢火蟲？
會，一定會！
怎麼可能放過這難得就近觀察的機會
但觀察之後
要選擇放手？還是將牠帶回家？
只在一念之差

而這樣的觀念就需要透過「教育」來宣導
想要擁有
是人的天性
那就動手做隻螢火蟲提燈吧！
螢火蟲就留在原生地
遊客可以帶走螢火蟲提燈
分享更多生態驚豔與傳奇

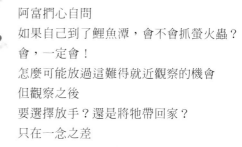

設計二三事

將螢火蟲放大，乍看之下容易出現高八度的尖叫聲：
「蟑……蟑螂！」總不能爲了忠於原貌而「嚇人」吧？
設計是可以稍稍美化協調的
在上色時改爲抽象的方式，將人們印象中的夢幻光點彩繪在作品上
但生物特徵的節狀鬚、前緣上翻的頭鞘、翅鞘的條紋肌理
加上 **LED** 燈設置在發光的尾部，一點都不能馬虎
加上提帶的位置，讓提起燈籠時，剛好符合螢火蟲的飛行角度

期待用貼心的設計，分享賞螢的感動
進而激起保育的決心，讓這些小精靈
能繼續在臺灣的夜裡點點發光

生態外交強棒——
櫻花鉤吻鮭
Formosan landlocked salmon

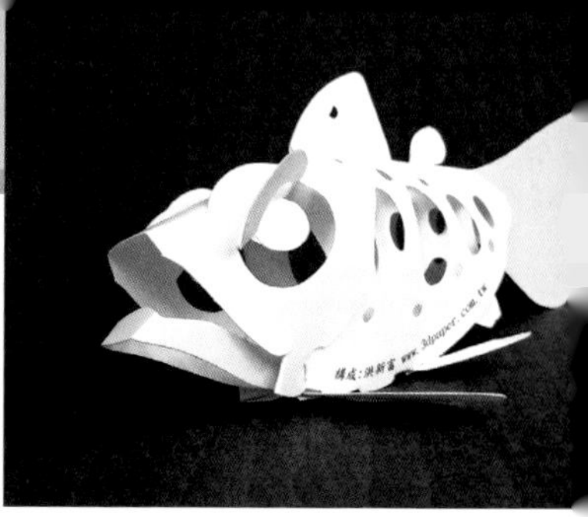
別看我「矮、肥、短」，其實我是Q版的櫻花鉤吻鮭。

蟲**魚**鳥獸

那故事

「你設計的是一隻很美的魚，但不是櫻花鉤吻鮭。」

王慶華攝

阿富爲了設計櫻花鉤吻鮭
從蒐集資料……到造訪七家灣溪，一直覺得不足
於是他將作品寄到特有生物中心
讓專家鑑定後，卻得到上述的回答
就這樣
經過不斷地修改與退貨……
阿富花了十五個月時間才得到專家的認同——量產

2002 年阿富來到加拿大溫哥華舉辦個展後
於是留下一隻小傢伙
展示在駐外代表的辦公桌上
不久，溫哥華自然歷史博物館的館長
在一次造訪中看見了那桌上的櫻花鉤吻鮭
自此念念不忘
還親自打了三次電話給駐外代表
希望能將這紙雕鮭魚
邀到自己的博物館中展出
隔年，阿富又受邀到加拿大辦個展
阿富特別做了鮭魚群洄游展出
離開前，阿富送給博物館一條紙雕櫻花鉤吻鮭
不久後，博物館館長託朋友傳了口信給阿富

「感謝你留下這隻不用殺生的櫻花鉤吻鮭！
我會將牠永久陳列在館內最明顯的地方，
並且標上『來自臺灣的鮭魚』。」

設計二三事

阿富喜歡做純白色的設計
他說這樣能在不被干擾的情況下
看到生物獨特的造型之美
但要能被一般大眾所接受
就不得不爲鮭魚們刷上一層色彩
多數生物在進化中
身體的顏色多與環境融合
在設計量產過程
無法完全忠於原色
爲了傳達正確的知識
於是幾經輾轉
透過管道才買到理想照片的授權

成功量產後
他將作品寄送給攝影師
「早知道就不收錢了！」
收到作品後的攝影師感慨著
這是一件如此極具意義
卻從未有人做過的事！

花東陡峭
中央山脈隆起
嘉南肥沃
櫻花鉤吻鮭
The Formosan landlocked salmon is a special subspecies,a "national treasure" emerging after a long period of evolution. The fish requires clean and cold water in order to survive. The only place where it can still be found today is farther upstream from the Dajia River, specifically in the Cijiawan River in the Wuling area.
中央山脈隆起、花東陡峭、嘉南肥沃，綠島、蘭嶼、小琉球、澎湖、金門和馬祖，環繞其周！

一眨眼小常識

因為設計，阿富發現一件有趣的事。櫻花鉤吻鮭的身上，有著臺灣的縮影。櫻花鉤吻鮭之所以會出現在臺灣，是冰河時期冰河消退後，沒能離開就留在臺灣的物種，而臺灣人的歷史不也是如此嗎？因為時代的變遷，我們就在臺灣留了下來，據守在臺灣，繁衍後代，開始生活紮根；而當你留看著這隻眼前的櫻花鉤吻鮭，讓牠的頭朝北，尾朝南你會發現，牠的身形就是一個小小的臺灣，完全符合臺灣的地圖特徵。中央山脈隆起，花東地形陡峭，嘉南肥沃，而周圍的魚鰭分別指向：綠島、蘭嶼、小琉球、澎湖、金門與馬祖。牠的身上有著臺灣的宿命卻也因此成了牠最迷人的關鍵。

設計師的挑戰——
水族世界

扶風文化開發了大量海洋生物，部分與鯨豚協會合作而來，抹香鯨就是其中大受好評的產品之一。

蟲魚鳥獸

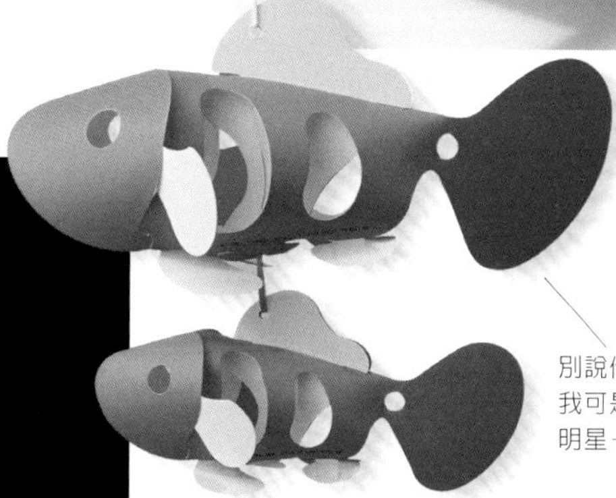

別說你不認識我
我可是熱帶魚中
明星——小丑魚

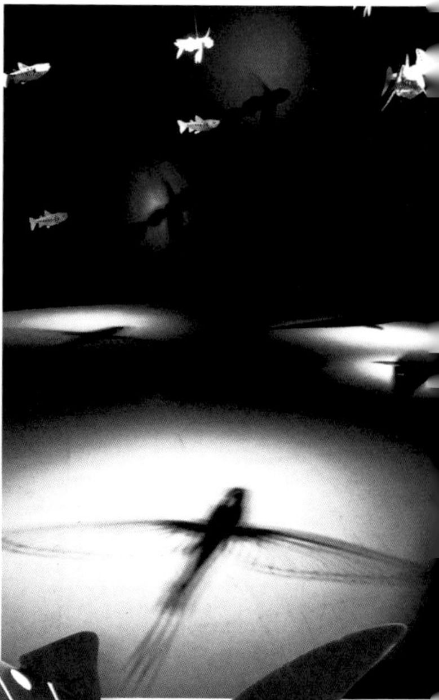

鯨鯊就是我，你可能不知道我另外的名字是「豆腐鯊」，拜託，別流口水，我快要找不到同伴了！

潮間帶

獅子魚

我念舊，每年定時迴游到固定的地方，大家都叫我「信魚」，但我的本名，你一定聽過，烏魚……子（那是我的蛋啦！）。

鮪魚

鯨鯊

一樣的設計，用上不同的材料，改變陳列的方式，即成了藝術展。

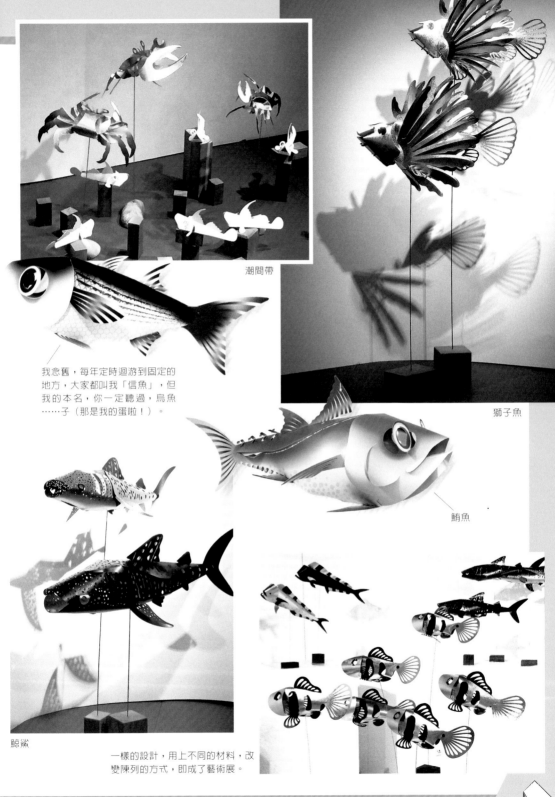

水面上幸福的漣漪——
鴛鴦
Mandarin duck

蟲魚**鳥**獸

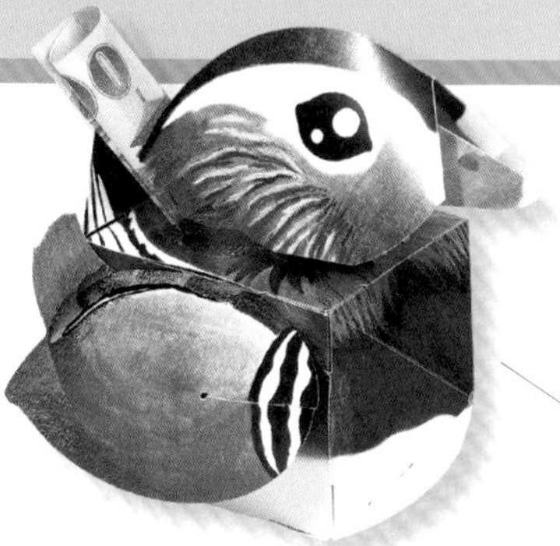

我是吃錢的，記得
把我餵肥喔！

那故事

阿富有個朋友
通上了幾年電話，卻從未相見
在一次以教學爲名義，實爲玩樂的邀請下
他來到武陵農場
出了野外、蒐集了靈感
也與這位人稱
「鴛鴦姑娘－張燕伶」的朋友相遇了
「交了朋友，是要負責任的！」
他說自己既然來到了人家的地盤
當然不能只瞎玩，交白卷啊！

爲武陵農場創作鴛鴦紙雕
成了他的任務與功課
看著悠游水面的一對對鴛鴦
好不快活的背後
卻是設計的一大痛苦
功能、效益、造型、形與色的搭配
以及製作的難易度……
幾番掙扎、幾番卡關後
終於成功讓紙鴛鴦
能夠光鮮亮麗的在武陵見客

設計二三事　鴛鴦當然應該游在水面上，
那麼設計的第一要務，便是能浮水，
之後才開始加入生物的特徵與造型，
要做，也不能只做漂亮的，
鴛（公）和鴦（母）都要做，
這樣才能成雙成對，幸福悠游。

一見你就開心——
喜鵲
Magpie

那故事

喜鵲爲什麼叫「喜鵲」？
阿富最愛聽外婆講故事
相傳喜鵲搭橋，讓牛郎織女相會
牠是之前就叫喜鵲了？
還是因而被叫喜鵲？
阿富的無俚頭，讓外婆很頭疼

不管怎麼說，「喜上眉梢」
一早看到喜鵲就會有好事、好心情
那就做一隻喜鵲
讓每個人都可以天天開心吧！

振翅讓神話再起——
黑嘴端鳳頭燕鷗
Chinese Crested Tern

張壽華攝

那故事

自 1937 年後即被認定已絕種
直到 2000 年夏天，再度在臺灣的馬祖被發現
被譽爲「**神話之鳥**」

抱著朝聖的心情，阿富四度來到馬祖做志工
不知是哪裡來的好運氣
阿富認識了黑嘴端鳳頭燕鷗的發現者之一
——張壽華先生
有了他的幫忙、指導及鑑定
阿富才得以設計出生態專家們都能認同的
神話之鳥
不止主題是神話
連考據創作的際遇都是篇傳奇

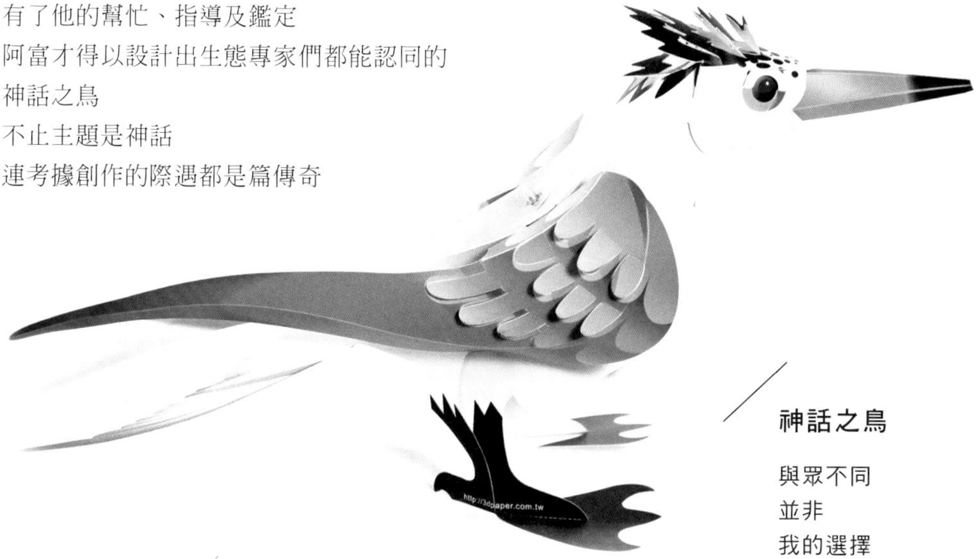

龐克頭，表示我很潮，黑嘴端
表示我夠屌，除非我心情好，
不然讓你看不到！

神話之鳥

與眾不同
並非
我的選擇
在激烈動盪的年代
平凡
可能是一種幸福
隨著　春去　秋來
看盡　潮起　潮落
在塵世外
穿梭時空

模範家族——
臺灣藍鵲
Taiwan Blue Magpie

那故事

不知道何時開始，臺灣藍鵲變多了
去露營，阿富被鳥驅趕，上山出野外
常常看到長長一列的「長尾陣」……

牠的叫聲「啊！啊！啊！……」像是烏鴉叫
牠們太聰明，會聲東擊西，偷吃寵物的食物
牠們很愛家，餵飽自己的雛鳥
還會幫忙餵其他的雛鳥

每一次出巡總是成群結隊
許多鳥類看到牠們都會趕快迴避讓路
臺灣藍鵲被票選爲國鳥
量產爲臺灣代言是一定要的啦！

張宏葦攝

設計二三事

臺灣藍鵲的尾巴有著豐富的層次
阿富利用百褶裙的方式加上扣
固定住藍鵲的尾巴，連結背部
再與身體扣組而成

爲了呈現飛行的姿態
在背部及尾巴加上吊孔，方便佈置
此外，利用剩餘空間，做出樹狀腳架
固定在藍鵲腿部
讓藍鵲隨時展現出飛行的英姿
不用擔心無處容身

被票選為國鳥的臺灣藍鵲，為臺灣常見的鳥類之一，又稱作「長尾山娘」。

看到凌波仙子水雉，
就會想到台南官田。

最佳的創作挑戰——
鳥
Bird

那故事

「增一分則太多，減一分則太少」
總是那麼穠纖合度的鳥兒們
除了是文學家歌詠的對象
畫家筆下的「麻豆」
也是阿富創作的「挑戰」

修修改改、來來回回，總沒有竣工的時刻
不為訂單而設計，只為「在乎」而創作

每種生物都有牠們的生態特徵
意義與價值還有生存策略
候鳥隨著時節遷徙
留鳥常常只生活在特定地點
因此容易被票選為地方代言
有生物代言的地方代表這地方
對生物一定是友善的

臺灣多樣豐富的生物，是創作者的寶庫
有許多挖掘不完的傳奇
在設計後等待量產分享的契機

在等待中不能閒著
勤跑野外、深入觀察、努力創作
本身就是一種收穫

金門島鳥——戴勝，當駐軍裁徹離去，獨留駐守軍營，形成金門的現代特殊景觀。

賴鵬智攝

阿富現已累積大量等待時機、等待訂單落下的作品，冠羽畫眉、八色鳥皆為現階段排隊生產中的精美作品。

於 1998 年即被設計出來的老鷹，從單一張紙到現階段的構成，已歷經 10 代的改良，尚未開發完成的老鷹已達到如同模型一般的精細，腳部與翅膀皆有關節能夠轉動，至今仍在不斷修改，只為創造滿意的作品。

領角鴞為扶風與林務局第一次合作時的作品，展翅高飛的姿態，掛在空中能夠清楚凸顯其特色，效果十足。

百變造型的挑戰——
紙獸世界

蟲魚鳥獸

那故事

每一種生物都有牠的特徵與特色
每一種材料、技法也都有它的可能性與極限
在做紙雕動物時，擬眞度決定作品的好壞
是寫實好？還是寫韻好呢？

又要馬兒好，又要馬兒不吃草
是客戶對阿富的要求
如何用最少的後加工
做出更具象的作品
成了阿富的挑戰
是阿富把客戶寵壞了嗎？
還是市場練就了阿富？

「惡」毒不是我的本性，是因為「餓」肚皮，才發展出必要之本領！生物的體色常隱蔽於環境，在創作時阿富喜歡以純造型詮釋生態。

看似複雜的穿山甲，其實只要簡單的左
右互扣，即可完成。

阿富利用紙飛機的概念，調
整飛鼠的比重，成功設計出
可藉由空氣浮力而由高處慢
慢滑行往下的飛鼠。

做為飛鼠就 是要飛呀，
別以為我笨重，其實我
可是滑翔高手呢！

換個角色來玩玩——
動物頭套系列

那故事

一個接著一個的誕生了！
其實頭套系列的成員們
大多是在動物園的活動下產生的
臺灣黑熊、梅花鹿、長頸鹿、金剛、綿羊……
每種動物都有自己特徵
設計時卻得統一製作難度
因爲最後組裝者是——小朋友
因而在設計上力求簡單、有力、易操作
畢竟動物頭套的目的是「分享」而不是「考試」
阿富在創作頭套時，態度是嚴謹的
心情卻是愉快的
想著如何用更少的加工，做出動物的特徵神韻
期待在活動中看到成群的「動物們」萬頭鑽動
至於野生動物，就留在原生地好了

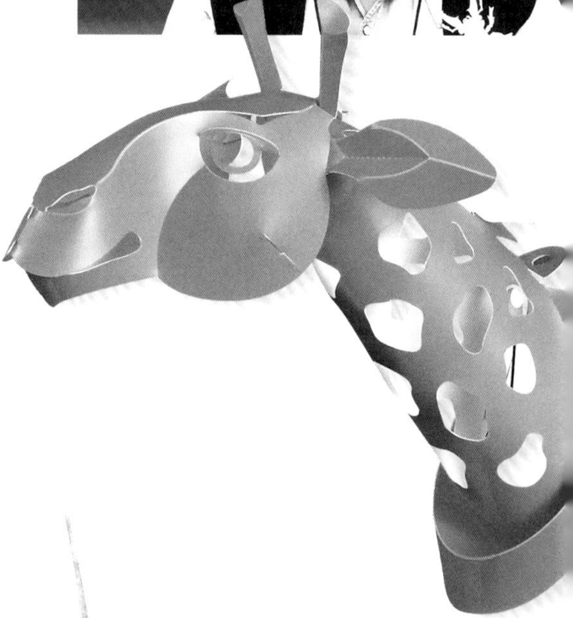

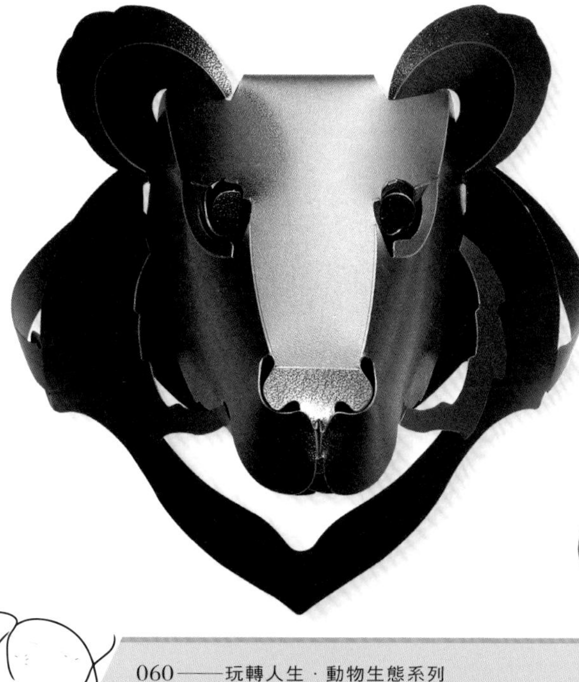

蟑螂頭套，為因應動物園蟑螂特展而設計的紀念品，難以想像的造型卻颳起了現場的另類風潮。

配合故事的演出，做出簡易的動物面具。

設計二三事

懶人原則
是阿富多年來建立的一套模式
所有的產品在設計組裝程序時
再複雜
也都只是由簡單的凹凸摺線
和號碼組扣組合而成
依照這樣的定調做設計
是阿富一直以來的 **SOP**
也是他的產品能夠被大眾接受的最大秘訣之一

無敵有愛系列四

紙雕提燈系列

阿富所設計、生產的紙雕提燈不再只是一般的消耗品，而是**值得收藏**，一再品味的「**藝術品**」。

咚！咚！咚！

咚！咚！咚！

咚！咚！咚！

一根釘子、一把鎚子、一個奶粉罐，點上蠟燭，提燈籠。到了元宵節前，家裡的奶粉罐，都會變得特別搶手，爸爸示範、媽媽鼓掌、姐姐指導、阿富動手，不管做得怎樣，都是自己動手做的。

在元宵夜點上燭光，四處夜遊探險，是阿富最愛的節目。微弱的燭光點亮的不僅是眼前的路，更是溫暖互動，串聯世界的希望。這是許多臺灣四、五、六年級兒時的記憶，曾幾何時，電視轉播取代了夜遊，塑膠燈籠，少了叮咚聲、少了家人的參與互動、少了元宵節的溫度、少了……過了童年，阿富跟著社會的變遷而彷徨、迷失，找不到自己跟中華文化的連結，想要找回單純年代的快樂，已是不可能，那就用現代的方法，方便參與的方式調整吧！

1993 年的競稿，阿富提出「**被動式主動**」的概念（被動地發放紙雕提燈，主動地強迫教育群眾 **DIY** 動手做燈籠）。1994 年的狗年提燈是第一次的試驗，帶著忐忑的心，觀察群眾的反應，結果是，一版、再版、供不應求……

此後幾年，阿富投出幾件作品競稿，便包辦前幾名的獎項，紙雕提燈產業，因此正式在臺灣形成。回頭看看至今已有二十幾年了。當初為了讓群眾接受，第一盞燈籠只有三個扣即可完成，第二年四個扣，第三年五個扣……用群眾能接受的方式，慢慢教育。現在阿富所設計、生產的紙雕提燈不再只是一般的「消耗品」，而是值得收藏，一再品味的「**藝術品**」。

為台灣文化承傳而生——
紙雕燈籠

1994 狗年提燈，開始了臺灣紙雕燈籠的產業

那故事

紙雕燈籠經過阿富多年的推動
已然成爲臺灣元宵文化的創意代言文宣品
但阿富從來不忘初衷
這些年，他積極與政府機關合作
鼓吹民衆將家裡用過的廢電池
回收的寶特瓶、未兌獎的發票來換取，創造環境的永續
此外，更努力將外流的生產線拉回臺灣，交給庇護工廠來做
總堅持 **Made In Taiwan**
「不是只有自己人好，而是要所有人都好」
這正是他投入產業的前提

堅持不放棄的阿富，終於在
牛年如願以償，設計出牛頭
套式的燈籠。一開始的頭套
是採燈盒設計，創新有趣的
燈籠贏得了民眾的喜愛。

推出紙雕燈籠的第二年是「豬」年，阿富設計了手提及頭戴式的燈籠分別拿了一、二名，因為沒人願意當「豬頭」，所以只生產了手提款。

2010 虎年阿富將傳統文化中心的懸絲偶概念應用來改造提燈，一推出即造成了轟動，也形成許多同行爭相「模仿」。

2000年龍年頭套，一推出即大受歡迎，人人爭著做「龍頭老大」，賣到來不及加印，供不應求。

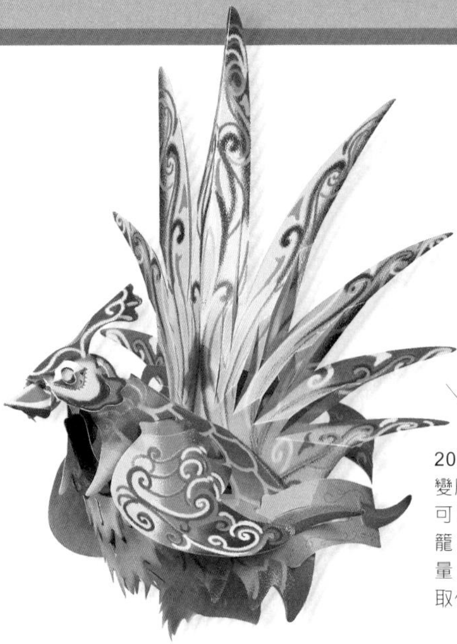

2005年阿富推出「百變鳳凰」，可提、可戴、可穿於手臂的三用燈籠，為了減輕燈具的重量，也研發出LED燈，取代傳統燈把。

設計二三事

早期的紙雕提燈還附上一張組裝說明書
後來發現：「臺灣人是不看說明書的！」
於是阿富發展出「直覺組裝法」
只要將號碼相對，一號扣入一號，二號扣入二號
三號……，扣組完畢，即可完成提燈的雛形
若再加上參考壓線的屬性：「實線摺凸、虛線摺凹」
即可完成精美的提燈
過程中提昇動手與思考的空間
這是教育市場的方法
只要認真地做過一次阿富所設計的提燈
那麼阿富所有量產的作品，你都能組裝了

「好的設計並不是作品有多精緻
而是讓人主動想要擁有
動手製作參與，進而留存分享。」

這是阿富在設計量產作品時的初衷。

福運連中

四方八方福運來
連中三元喜連連
五福六合九運開
七巧一二便知十
——傳藝中心的許願燈

達達馬蹄聲的詩意來自背後機械連動的科學原理，阿富於馬年創造出有聲音的燈籠。同期的提燈設計還有關公騎馬、旋轉木馬以及飛馬提燈。

財神下凡賜福路
金羊運財步步來

金羊運財更是阿富近年來的突破，融入歐洲古老玩具的科學原理，設計出能夠自己往前走的羊年提燈，造成轟動。

利用井字概念，提出新型的球狀燈籠，讓燈籠可以輕易收合成平面，也可輕鬆拉開成立體燈籠，當年阿富順勢用此概念生產出 12 生肖的系列燈籠。

握有關鍵鑰匙：創意，就能在這個行業站穩腳步，阿富設計出第一個能夠在空中甩動的紙飛機燈籠，利用螺旋槳的原理，讓紙飛機搖身一變成為在空中霸氣轉動盤旋的戰鬥機。

雙提把的專利提供了猴子翻筋斗的動力，只要一鬆一緊，孫悟空便活躍了起來。

1994 年推出第一盞紙雕提燈的當天午後
阿富偷偷地在發燈籠現場觀察，群眾排了幾小時後，終於拿到燈籠
「咦！？今年怎麼改成一張紙？……」
孩子跟著爸媽一起研究如何組裝……

這燈，填補了阿富失落童年的遺憾
也興起了阿富用創意、教育、傳遞人間溫暖的決心
紙雕提燈對阿富而言「這不是事業，而是一項志業」

讓感動延續——
生態紙雕明信片

那故事

阿富跟朋友，用了四年多的時間
將精緻的生態紙雕
微縮到明信片的尺寸
爲的是解決展示空間不足
同時又能分享關懷與創意

爲了一個簡單的想法
先是克服生產的技術極限
臺灣的加工廠，不是被考倒
就是直接說「不可能」
就是別人做不了，才有做的樂趣
屢戰屢敗，已不止是阿富情史的寫照
再次血淋淋在事業上演出
在成本及效率的拉鋸中，最難抉擇
不知是哪裡來的好運氣
在朋友的提醒下

找了二十年前合作的廠商
不在一般業界，只接特殊客戶
憑著老交情，一拍即合
生產的問題，便不再是問題了

爲何要做紙雕明信片？
因爲想分享呀！
在旅途的時候
選一張生態紙雕明信片寄給友人、寄給自己
收到後可以動手 DIY 做出具體的作品
讓祝福與感動延續
所有開發時的辛苦，也就值得了

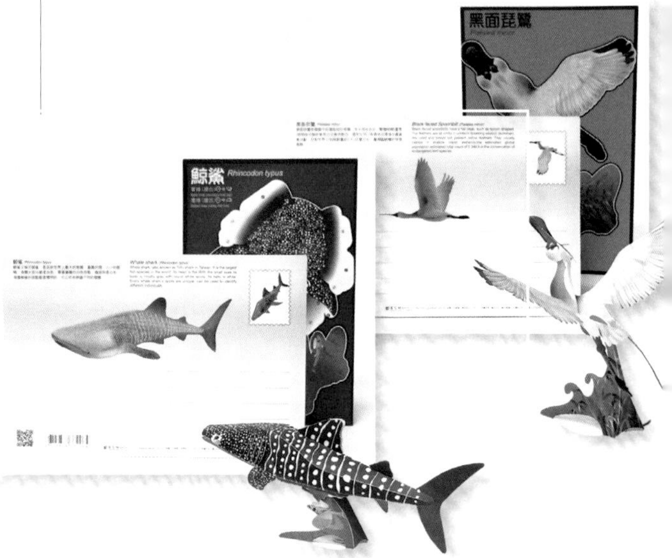

設計二三事

為了讓旅人所寄的明信片
即保有內容，又能動手 DIY
採用了反背膠的設計
一般貼紙剝下來的部分有粘性
反背膠則是撥下來的部分無粘性
只要褶褶、扣組便可完成精美的微縮作品

大費周章的研發
只想為更多可能的創作及商業模式
創造出新的平台，有了這樣的生產技術
就不怕精緻的作品來挑戰量產

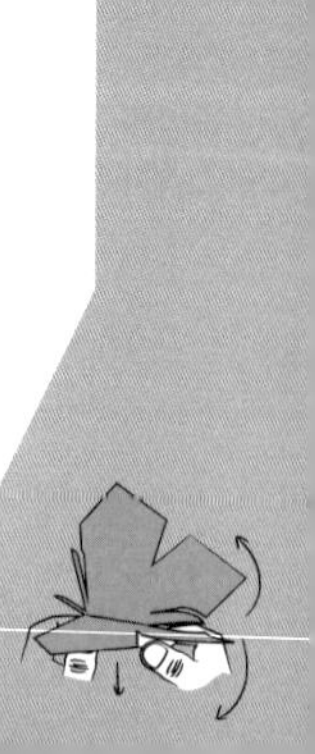

扣住最動人的回憶——
喜糖盒

那故事

在婚禮中，新娘身披白紗，手持捧花慢慢走來
長長的白紗拖地旖旎，此刻伴著結婚進行曲的音樂
烙下永遠幸福的畫面
婚宴後，新人送客不忘奉上糖果分享喜悅
這時如果能有精心設計，延續幸福的喜糖盒
更是完美

阿富沒來得及為自己設計（唉！婚結得太早了……）
為新人祝福分享快樂總可以吧！
至於新郎（男配角）就不用設計了
婚禮中只有絕對的女主角——新娘
新娘笑了，日子就幸福了

裙襬內可放入喜糖，單獨裙襬向上實是一朵小捧花，集合在一起是一個大花束。當將花瓣推入裙底翻過來時，即成了手持捧花的新娘造型喜糖盒了。

設計二三事

既要好做，又要浪漫
用最少的後加工即可分享
是設計時的挑戰

以斜六角錐體做出緩步前進
將扣做成蝴蝶結
利用切割翻摺的曲線做出蓬蓬裙的感覺
捧花從頭頂往前摺下
連手持捧花的姿勢都一併完成

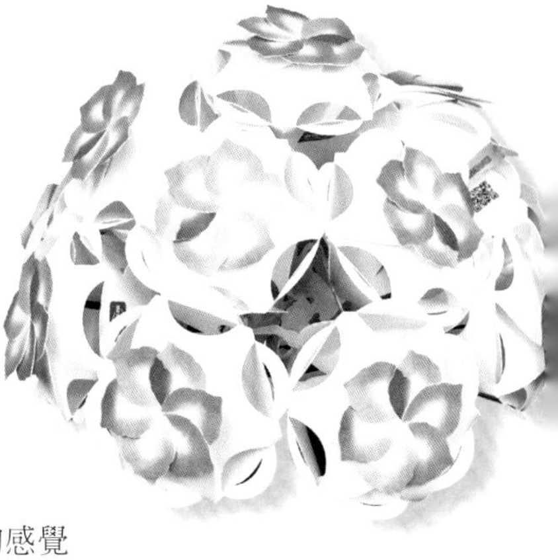

有拜 有庇佑——
廟宇名片架

那故事

初一、十五要拜拜
三不五時到廟裡燒個香，求平安符
似乎是多數臺灣人的生活經驗
阿富從小就拿香跟拜
到廟裡總覺得特別平靜
廟宇文化是臺灣經驗的特色之一
如何濃縮成人人皆愛的文創小品
是外交部給阿富的考題

要精緻、能量產、要實用，又符合預算……
最好是還要能放在桌上應用……

那就做成名片架吧！
誠心誠意奉上名片
祝福彼此都能有更好的合作與交集
既有特色又具話題性
果然成了外交部餽贈外賓的禮物
可被平面收合立體展開即可使用
正式是設計的用心所在

設計二三事

阿富從小就被教導，對神明要心存敬畏
加上代表臺灣的神明眾多
怕顧此失彼，只好取個巧
題上「心想事成」希望每個送禮及收禮的人
都能收到真誠的祝福
增進彼此的友善、合作

國家圖書館出版品預行編目(CIP)資料

設計 · 洪新富 / 洪新富作 .— 臺北市：
扶風文化，2017.09
面； 公分
ISBN 978-957-99808-3-8（軟精裝）

1. 洪新富 2. 臺灣傳記

783.3886 106014746

設計 · 洪新富

作 者	洪新富
文字協力	李家萱
潤 校	張玲玲
封面設計	洪新富
美術編輯	小題大作工作室Ｙ鍾
插畫協力	曾凱學、許惠貞
發 行 人	洪新富
發行公司	扶風文化事業有限公司
地 址	台北市中正區忠孝西路一段 50 號 21F
電 話	886-2-2389-9296
傳 真	886-2-2370-4953
網 址	www.3dpaper.com.tw
信 箱	3dpaperadm@gmail.com

出版日期	2017 年 9 月初版
印刷協力	陳美玲
I S B N	978-957-99808-3-8（軟精裝）
定 價	450 元